LA FRANCE

DE 1852

DEVANT LE TRIBUNAL DE LA RAISON

PAR

P. BOUVERAT.

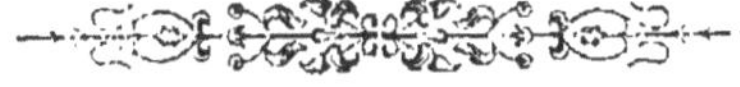

PARIS

GARNIER FRÈRES, LIBRAIRES

215, PALAIS-NATIONAL — 10, RUE RICHELIEU.

1851

LA FRANCE DE 1852

DEVANT LE TRIBUNAL DE LA RAISON.

Paris. — Imprimerie SCHNEIDER , rue d'Erfurth, 1.

LA FRANCE

DE 1852

DEVANT LE TRIBUNAL DE LA RAISON

PAR P. BOUVERAT.

Ubi non est gubernator, populus corruet;
salus autem, ubi multa consilia.

Prov.

———

PARIS,

GARNIER FRÈRES, LIBRAIRES,

215, PALAIS NATIONAL. — 10, RUE RICHELIEU.

—

1851

PRÉFACE.

Je livre au public un petit ouvrage qu'on trouvera naïf, si même il ne paraît bizarre. Je dis plus, il mécontentera tous les partis, et il soulèvera probablement la critique universelle, à moins que la colère, l'indifférence ou le mépris, ne viennent au secours de l'auteur en laissant reposer son œuvre dans l'oubli ou dans les rebuts.

Qu'est-ce donc que cette production excentrique? Ecoutez. Quelques mots épargneront au grand nombre la peine de tout lire. Mon but a été de montrer que l'absolutisme est une tyrannie, le constitutionalisme un désordre, la république un contre-temps, la légitimité une impossibilité du moment, l'orléanisme une iniquité, le napoléonisme une erreur, la démocratie une violence sans limites, le socialisme une folie pleine de sang, et le communisme une plaisanterie stupide et un rêve d'idiots. Je détruis, dira-t-on, tout ce qui est, tout ce qui fut, tout ce qui peut être. Sans doute. Eh! pourquoi reculerais-je devant cette œuvre de destruction et de ruine qui est devenue un bien en même temps qu'une nécessité, si, en écoutant la voix de ma conscience, les lumières de ma raison et les inspirations de ma foi, je trouve à redire au présent et au passé? Mais veux-je donc faire comme font aujourd'hui tous les écrivains, blâmer et détruire sans rien édifier? Non, à Dieu ne plaise! J'ai un système, si toutefois on peut appeler système une théorie qui me semble fondée sur les plus simples notions du sens commun et de l'Évangile. Ce système, j'en expose les principes, j'en développe le but, et j'en déduis les conséquences premières, laissant au lecteur le soin facile d'en deviner les conclusions plus éloignées et les applications spéciales. Dieu veuille que ce ne soit pas là un nouveau ferment de discordes, un nouveau germe de scission jeté au sein de la société! Il faudrait, pour qu'un enseignement portât des fruits, qu'il rencontrât parmi les hommes un peu plus de désintéressement et d'abnégation qu'ils n'en ont. Est-il raisonnable de l'espérer? Aujourd'hui non. Mais plus tard, lorsque le malheur aura réhabilité les âmes et refait les consciences, certaines paroles du passé prendront un sens et pourront devenir utiles. Le présent est désespéré : une étincelle de plus ou de moins dans l'incendie qui menace n'en augmentera pas les ravages. L'avenir nous reste : essayer de l'asseoir sur des fondements plus stables ne saurait être un crime.

Mon style sera simple comme ma pensée, et ma discussion simple comme ma pensée et mon style. Mais je dois avertir que mes raisonnements ne sont pas toujours absolus. Je me place souvent au point de vue de la situation présente, et je ne parle alors de ce qui est bon, utile et possible que dans un sens relatif. Il ne faudrait donc pas m'accuser de contradictions, parce qu'il m'arriverait quelquefois d'envisager une question sous des aspects et des rapports différents de ceux sous lesquels je l'ai envisagée ailleurs. Il y a des vérités éternelles; il y en a d'autres (je ne sais si elles méritent ce nom) qui ne sont que secondaires et qui varient comme les temps, les lieux et les mœurs. Qu'on fasse bien la part de chaque chose : j'ai lieu de croire qu'un peu d'attention et de conscience me justifieront dans tous les cas où il se serait d'abord présenté à l'esprit du lecteur quelque doute ou quelque obscurité.

Etranger à la France, étranger à la politique, je pense qu'on ne m'accusera pas d'ambition dans un pays où je ne puis prétendre à rien, et encore moins de sophistiquerie dans une science dont j'ignore les détours et les ruses. Je n'ai pour tout bien que l'indépendance qui résulte de ma nullité, et les idées qu'il a plu à Dieu de mettre dans ma tête. Ce sont ces idées, fruit de mon indépendance, que je confie au jugement de la foule. Puissent-elles être accueillies avec toute la simplicité et tout le désintéressement qui les ont produites, et avec plus de faveur que je n'ose l'espérer! Je ne veux pas d'autre récompense de mon travail.

LA FRANCE DE 1852

DEVANT LE TRIBUNAL DE LA RAISON.

CHAPITRE PREMIER.

DU SENS QUE LA SCIENCE MODERNE A DONNÉ AUX MOTS DE POUVOIR ET D'AUTORITÉ.

Les désordres dont l'Europe est aujourd'hui le théâtre ont pour cause principale la confusion qui s'est introduite dans les notions de pouvoir et d'autorité, et l'inintelligence des principes et des forces que représentent les gouvernements. La monarchie absolue s'attribue tout, et ne représente rien que sa volonté ou ses caprices. L'aristocratie et le régime constitutionnel ne représentent que la noblesse ou la richesse. La démocratie représente surtout l'ignorance et la force brutale. En Russie, c'est le glaive qui règne sur soixante millions d'esclaves. En Angleterre, le privilége rend le sort du travailleur pire que celui du serf russe : en France, l'argent fait la loi, et la cupidité confisque des millions de bras à son profit. Partout des maîtres et des esclaves. On a aboli le nom ; la chose est restée. Les esclaves des temps passés avaient même sur ceux d'aujourd'hui un grand avantage : c'était un devoir pour les maîtres de les nourrir et de les entretenir ; les esclaves d'aujourd'hui meurent sur le pavé, et ils n'ont le droit de réclamer auprès de personne du pain et un asile.

Jetons un coup d'œil rapide sur ce qui s'est passé en France depuis trois siècles. La Réforme avait jeté le cri d'alarme et donné le signal : à sa voix la guerre civile et la guerre étrangère agitent leurs torches, et portent de tous côtés le ravage et la désolation. Un absolutisme sans frein, né de la peur, se substitue aux institutions tempérées du moyen âge, et une licence de mœurs sans égale, marchant à la suite de la tyrannie, déshonore le premier peuple du monde civilisé. Peu satisfait de son triomphe, le génie du mal se drape ensuite avec un orgueilleux dédain du manteau de philosophe, et vient s'asseoir violemment, avec la raison pour sceptre, sur les marches de l'autel et du trône. Une nuée d'écrivains, dont le plus grand mérite était l'habileté dans le sophisme, et dont la pensée au fond était l'ambition et l'égoïsme, se mit à attaquer toutes les autorités établies, et les précipita sans peine dans l'avilissement et le mépris. La politique ne tarda pas à se faire une arme de la philosophie. On trompa, on fascina les masses avec les mots brillants de liberté, d'égalité, de fraternité. Qu'en résulta-t-il ? Les pouvoirs tombèrent, les nobles et les aristocrates furent envoyés dans l'exil ou sur l'échafaud, le sang du peuple coula sur vingt champs de bataille, et les prédicateurs des nouvelles doctrines, se frayant un chemin sur les ruines qu'ils avaient amoncelées, substituèrent leur tyrannie aux tyrannies déchues. Cependant le peuple, toujours ami de la nouveauté, célébra avec enthousiasme ce qu'il appelait sa victoire et son émancipation. Il était libre en effet ; mais le riche était devenu libre aussi, libre par conséquent de laisser le pauvre mourir de faim. D'autres doctrinaires parurent alors. Ils prirent pour thème de leurs déclamations l'oppression et la misère du peuple. Les professeurs de la Sorbonne et les rédacteurs des journaux lancent sans interruption dans la foule de nouvelles utopies et de mensongères promesses. Le pouvoir établi tombe encore ; les écrivains montent au pinacle, et rien ne va mieux qu'auparavant. Le 24 Février arrive et balaye de nouveau la scène au profit d'autres acteurs. Il en sera ainsi, tant que des ambitieux exploiteront à leur profit la crédulité des masses, tant que le système en vigueur donnera prise aux mécontentements des partis, tant surtout qu'on n'aura pas proclamé et adopté un régime qui satisfasse à plus d'exigences, à plus de besoins, à plus de droits méconnus. Jamais la nation entière n'a sous ce rapport été appelée ni consultée. Quand le peuple a régné, il a fait un gouvernement à son image, sans se soucier des grands ni des riches. Quand les grands et les riches ont restauré l'ancienne monarchie, ils s'y sont pris de manière à rester les maîtres, et à pouvoir au besoin devenir oppresseurs. Lorsque les financiers et les industriels ont créé le gouvernement de Juillet, ils n'ont eu en vue que leurs intérêts et leur fortune. On peut ajouter qu'après le 24 Février le peuple a pensé trop exclusivement à lui.

Que fera la France pour sortir de l'incertain et du provisoire où l'ont jetée tant de catastrophes? Je l'ignore. Mais essayons de raisonner. Je fais abstraction du principe catholique, auquel je reviendrai plus tard, et je ne m'appuie que sur les données de la science philosophique moderne, telles qu'elles sont généralement admises. Ce qui paraît certain aujourd'hui, et ce dont le grand nombre ne veut plus douter, c'est que tous les hommes sont égaux, c'est que Dieu les a créés libres et frères, c'est que l'âme du sauvage de l'Amérique est aussi précieuse à ses yeux que celle du plus grand monarque. Cela posé, il n'y a plus de différences d'un homme à l'autre que par le plus ou moins de science ou par le plus ou moins de vertu. Toute autre différence, celle par exemple qui résulte des titres ou de la fortune, est l'œuvre de l'homme, et il n'appartient pas à l'homme de refondre sa nature, et de lui imprimer des cachets particuliers : ce que Dieu a uni, l'homme ne doit pas le séparer, et quand Dieu n'a pas distingué, l'homme doit s'abstenir. Nous avons donc chacun par nature tous les droits accordés au premier homme, c'est-à-dire tous ceux qui résultent de l'exercice de nos facultés : car chacune de nos facultés ayant un but et des moyens, nous devons pouvoir tendre à ce but, et être par conséquent libres dans le choix des moyens qui nous y conduisent. C'est ce qui constitue la responsabilité et la moralité des actes humains. Mais, parmi ces actes, il y en a qui s'accomplissent et se terminent dans le for intérieur : la liberté sous ce rapport est inaccessible et illimitée. D'autres, au contraire, sont extérieurs, et peuvent profiter ou nuire à ceux qui nous entourent ; les actes de cette dernière espèce doivent jusqu'à un certain point être réglés et régis dans l'intérêt commun : ce qui n'est pas possible sans une force qui en réprime les excès et les écarts. De là la nécessité du pouvoir, l'origine de l'autorité.

Si l'homme avait été destiné à vivre dans l'isolement, tous ses actes ne se rapportant qu'à lui, rien n'aurait pu ni dû entraver le plein exercice de sa liberté ; mais cette liberté aurait été celle de la brute. L'humanité, telle que Dieu l'a voulue, n'est possible que par le concours de toutes les forces qui ont été mises à sa disposition, et l'homme n'est complet que par l'addition et la combinaison de toutes les facultés départies à chacun. Or, ce concours et cette harmonie de forces et de facultés ne peuvent exister que dans l'état social, qui seul est le canal par lequel elles se communiquent, le creuset qui les combine pour en constituer la raison humaine. Ces principes sont avoués, je pense, et toute démonstration ultérieure devient inutile. Mais, si l'état social est la condition obligée du genre humain, et si dans cet état l'autorité est nécessaire, voyons quelle est et quelle doit être cette autorité.

Les hommes réunis en société ont besoin d'une protection ; cette protection suppose une force déléguée au protecteur ; cette force, c'est le pouvoir ou l'autorité. L'autorité est donc une délégation. Des individus réunis veulent se mettre à l'abri de l'oppression et des passions mauvaises ; ils rencontrent au milieu d'eux un homme d'un caractère et d'un talent supérieurs, d'une force singulière, d'une vertu excellente ; ils lui disent : Voilà les moyens et les ressources que nous mettons à ta disposition ; sers-t'en pour nous protéger, et règne sur nous. Cet homme est roi en vertu d'un consentement libre, d'une élection volontaire ; son autorité est incontestable. Mais celle de son fils le sera-t-elle de même ? Les contractants ont-ils pu obliger leur postérité ? Évidemment non. C'est là un contrat personnel, et rien de plus. Les générations futures ne sont pas une chose dont on puisse disposer comme d'un héritage. Chaque individu a ses droits à lui, primitifs, sacrés, inaliénables : l'individualité est entière chez le fils comme chez le père ; le moi de l'un est de la même nature et possède les mêmes facultés que le moi de l'autre. Chacun est homme dans la plénitude du terme, et jouit par conséquent des mêmes droits et des mêmes prérogatives. En un mot, nul ne peut disposer de la personnalité d'autrui ; et, comme chacun ne répondra que de ses fautes, et ne sera récompensé que pour ses mérites, il faut que chacun puisse employer également ses forces, et jouir au même degré de la liberté qui constitue la responsabilité de ses œuvres. Que des héritiers soient tenus des obligations de leurs auteurs, tant que leur personnalité n'est pas atteinte et qu'il ne s'agit que de faits extérieurs, rien de plus naturel ; mais personne n'osera dire qu'un fils serait obligé d'accomplir les conventions de son père, si ces conventions touchaient à la vie et à la liberté du fils, et allaient jusqu'à régler pour lui et ses descendants le mode d'exercice de leurs facultés intellectuelles ou morales. Pour peu que dès l'origine du monde chaque père eût ainsi réglé la vie de son fils, chaque génération aurait perdu successivement une partie de sa liberté, et je ne sais quelle est la parcelle qui nous en resterait aujourd'hui. Chacun donc, quand il s'agit de liberté et des droits imprescriptibles de la nature humaine, ne peut s'obliger que pour soi. L'Église, c'est-à-dire Jésus-Christ lui-même, ne veut pas que nous soyons chrétiens malgré nous. L'engagement pris par nos parents a besoin d'être ratifié, lorsque nous avons atteint l'âge de raison, par un renouvellement libre et volontaire des promesses du baptême.

Il suit donc de ce qui précède qu'un pouvoir établi n'est légitime que lorsqu'il provient de l'élection. On en peut conclure aussi que le droit d'élection appartient à tous ; car nous avons prouvé que tous les hommes ayant la même origine, la même nature, les mêmes facultés, la même raison, la même destinée, nul n'a le pouvoir d'aliéner les droits qui résultent pour chacun de cette identité d'origine, de nature, de moyens et de fin. Ainsi il faut, pour que le pouvoir commis soit universel, que la cession de droits ait été faite par tous, soit directement, soit indirectement, et toujours volontairement. Le suffrage universel, qu'on pourrait regarder comme une conception folle du génie moderne, est ce qu'il y a de plus conforme à la raison, de plus en harmonie avec les premières notions du vrai et du juste. En principe, et l'intervention divine écartée, c'est un droit que je tiens pour incontestable ; mais l'application offre de sérieuses difficultés.

Et d'abord le vote doit-il être unanime ? Une pareille question est ridicule : on ne peut vouloir dans la théorie ce qui est impossible dans la pratique. Mais alors, dira-t-on, ou l'élu ne sera pas saisi des droits de tous, et ceux qui lui auront refusé leurs votes resteront libres dans l'Etat de vivre à leur guise, ou bien il s'arrogera des droits qui ne lui auront pas été cédés, et dans ce cas il deviendra usurpateur. La solution est facile, et rien de tout cela ne résulte de la thèse que nous avons soutenue jusqu'ici. Lorsque des individus réunis consentent à se donner un chef, ils veulent que son élection soit possible ; mais, comme elle n'est pas possible par le vote unanime, ils ne peuvent la vouloir que par le vote du plus grand nombre. Tous, par conséquent, consentent dès le principe à reconnaître et à accepter celui qui sera donné par la majorité ; et, bien que plus tard quelques-uns ne votent pas dans le sens de cette majorité, le premier consentement donné par eux domine tous les actes de volonté manifestés postérieurement, actes subordonnés par la nécessité même des choses à ce consentement primitif, de sorte que la cession de leurs droits résulte quand même de la convention originelle qui a précédé l'élection, et que l'élu se trouve réellement investi des pouvoirs et des droits de tous et de chacun.

Le pouvoir serait également régulier et légitime, quand même l'élection, au lieu de s'arrêter à un individu, serait tombée sur plusieurs. La nation est libre dans ses choix, libre de se donner un conseil suprême pour la régir plutôt qu'un roi électif ou un président de république. Les temps, les lieux, les mœurs et le caractère de la nation peuvent apporter à cet égard toutes les modifications jugées opportunes, tant que le principe demeure intact.

Avant d'aller plus loin, réfutons ici l'objection par laquelle on combat le plus ordinairement le suffrage universel. Quelle valeur, dit-on, peut avoir le vote d'un ignorant, d'un ouvrier, de l'homme dont l'esprit est ouvert de tous côtés à la séduction, et le cœur à la corruption ? D'abord je rétorque l'argument, et je dis : Quelle valeur peut avoir le vote d'un riche, d'un savant, dont le cœur est cent fois plus cupide que celui du pauvre, et dont l'âme ne respire qu'égoïsme et ambition ? Croit-on donc qu'il y ait plus d'honnêtes gens chez les grands que chez les petits ? Les grands sont plus éclairés ; qu'importe, si, au lieu de voter selon leurs lumières et leur conscience, ils votent selon les intérêts de leur fortune et de leur orgueil ? Or qu'on compte, en France par exemple, le nombre des grands désintéressés à la fois sous le rapport de l'argent et sous celui de l'ambition. Quels sont les hommes haut placés de ce pays qui, faisant abnégation de tout, excepté de leur conscience, ne se sont attachés à aucun parti? N'ont-ils pas tous, à peu près, voué leurs talents et leurs sympathies au système qui, selon eux, présente le plus de sécurité pour leurs bourses, et rend le chemin qui doit les mener aux places plus commode et plus facile? Ne doit-il pas y avoir mille fois plus de vérité et de sincérité dans le suffrage de celui qui, content de son sort, ne demande que la paix, et le pouvoir qui lui permettra mieux de trouver du travail et de recueillir sûrement le fruit de ses peines? Eh! qui sont donc ceux qui égarent le peuple? Ne sont-ce pas les savants et les grands, ceux en qui seuls on voudrait reconnaître le droit de suffrage? C'est-à-dire que les hommes qui trompent et qui corrompent ont le droit de faire des gouvernements, mais que les victimes de la fourberie et de la corruption doivent être éliminés comme indignes. Est-ce que le plus d'habileté ou de puissance pour le mal créerait donc des droits spéciaux? Donnez-moi des grands qui soient honnêtes : les petits le seront aussi ; et si les grands et les petits sont honnêtes, il n'y aura plus de corrupteurs ni de corrompus, et alors je ne vois pas quel inconvénient il y aurait dans le libre et égal droit de vote pour chacun.

Ce système ne ferait pas sans doute l'affaire des partis ni des castes ; mais il serait tout à l'avantage du plus grand nombre, et il me semble que ce doit être là le but de tout bon système. Les riches et les ambitieux y perdraient un peu; le peuple y gagnerait quelque chose, et on atteindrait ainsi ce juste-milieu tant cherché sous le dernier gouvernement, qui en avait fait une idée ridicule et dérisoire par la manière dont il l'a compris. Le niveau s'abaisserait d'une part et s'élèverait proportionnellement de l'autre : on obtiendrait en fait un peu plus d'égalité véritable; on enlèverait enfin aux masses la cause première de leurs mécontentements; et, chacun ayant contribué à l'édifice et y ayant apporté sa pierre, nul n'aurait plus le droit de se plaindre de ce qui serait son œuvre. Le gouvernement élu, représentant tous les intérêts, tous les droits, tant ceux des grands que ceux des petits, aurait pour mission de garantir les uns et les autres; et, avec un peu plus de foi et de religion dans le cœur, il y aurait encore moyen d'avoir la paix et d'être heureux. Que les grands soient religieux et vertueux, s'ils influent sur le peuple, ce ne sera que pour l'éclairer et le diriger, et alors le vote du peuple sera bon. Que le peuple, à son tour, relève dans ses rangs les bannières de la foi; il trouvera, dans sa vertu et dans les conseils d'autrui, des inspirations heureuses et une science suffisante pour l'empêcher de s'égarer en masse dans ses choix. Ce serait là le règne de la justice, de la paix et du bonheur. Aussi est-ce vers ce but avant tout qu'on devrait diriger les esprits. Gouvernement, éducation, instruction, administration, tout devrait être refondu et replacé sur cette base, non pas avec les errements enfantés par les invasions et par l'ignorance du moyen âge, mais avec les principes que la civilisation et la science ont révélés aux hommes modernes, et que l'Église de Jésus-Christ ne repousse pas. Mais, tant que la morale restera ce qu'elle est aujourd'hui, pervers contre pervers, corrupteurs contre corrompus, ne sauraient avoir des droits au préjudice les uns des autres, et l'inviolabilité du suffrage universel, malgré ses inconvénients, doit rester entière; car les méchants mêmes doivent avoir, jusqu'à un certain point, le droit de défense contre les méchants. La loi du 31 mai a pu être, vu les temps et les circonstances, une œuvre de prudence et de sagesse; mais en soi elle n'est point une œuvre de raison et de justice.

Vous ne ferez jamais, du reste, revivre le principe monarchique chez les hommes de la société présente. Ce principe pouvait être vrai autrefois; il ne serait plus aujourd'hui qu'un mensonge. Dans le temps où l'Europe entière était catholique, et où, dans son enthousiasme religieux, elle avait abandonné tous ses droits à l'Église, qui était pour elle la personnification de Dieu lui-même et de toutes les attributions de la Divinité, on comprend qu'alors il y eût un droit divin, et que ce fût directement par Dieu que régnassent les rois; car les rois de ce temps régnaient par les conciles, et par les papes surtout. On les considérait comme des délégués du pontife de Rome, qui leur communiquait, pour conduire les peuples, une part de la puissance que lui-même tenait de Dieu, puissance céleste et sacrée qui n'était contestée par personne. En admettant la puissance temporelle des papes sur les rois de la terre, le principe monarchique, le droit divin, deviennent, au moyen de cette sanction, des faits irrécusables, des vérités, si je puis le dire, accidentelles et temporaires, mais vérités pourtant. C'est pour n'avoir pas su ou voulu distinguer les temps et les hommes qu'il s'est fait, dans les opinions sur l'origine et sur la nature du pouvoir, une confusion et une anarchie aussi déplorables. Admettez la souveraineté de l'Église, les rois alors seront les oints et les envoyés de Dieu, et les sujets n'auront rien à voir dans les prérogatives de leur puissance. Rejetez, au contraire, la souveraineté de l'Église, le roi n'est plus que le ministre de l'homme, et il se trouve nécessairement en face de la souveraineté du peuple. Laissez donc Dieu vous donner des rois par son Église, ce qui serait plus raisonnable encore que tout ce que j'ai cherché à prouver jusqu'à présent; sinon, acceptez-les de la main du peuple. Car, Dieu une fois éliminé de la conduite des intérêts temporels du monde, il ne reste plus que des hommes égaux avec des droits égaux, qu'ils tiennent chacun, comme je l'ai dit, de l'identité de leur origine, de leur nature et de leur fin. Mais soutenir, d'une part, qu'il existe un droit divin et ce qu'on appelle le principe monarchique, et repousser, d'autre part, la puissance temporelle des papes et des conciles, c'est une contradiction dont on ne s'est peut-être pas encore aperçu, et qui pourtant devient manifeste, pour peu qu'on y réfléchisse. Le protestantisme avait porté une première atteinte au principe du droit divin; l'Église gallicane et Bossuet lui ont donné le coup mortel.

Il ne reste donc plus, pour dernier refuge à la société à demi désarmée, que le principe de la souveraineté du peuple et le suffrage universel. Tous les milieux inventés jusqu'à ce jour ne sont que de vains essais, des errements insensés, des monstres moitié femmes, moitié poissons, enfantés par des imaginations en délire, par des cerveaux creux chez lesquels il n'y avait place que pour l'orgueil et l'avarice; je dis plus, des iniquités manifestes, des usurpations flagrantes, une série odieuse enfin d'attentats et de crimes. Pour tout résumer en quelques mots, les divers systèmes appliqués depuis soixante ans, toutes ces demi-libertés arrachées aux pouvoirs et arbitrairement limitées, le constitutionalisme, veux-je dire, ne sont autre chose que la révolution permanente, que l'anarchie organisée. Ces déductions se trouvent malheureusement confirmées par les faits, et l'on ne sortira du chaos qu'en remontant au premier échelon ou qu'en descendant jusqu'au dernier. Dieu et l'homme, le gouvernement par Dieu ou par chaque homme, il n'y a pas d'autre alternative. La justice et la vérité ne sont nulle part ailleurs.

Et qu'ont été, depuis la chute de l'ancienne monarchie, tous les gouvernements créés par les partis en dehors du droit divin et de la souveraineté du peuple? 93 a été créé par le prolétaire; ç'a été le règne du sang. 1804 a été créé par l'armée; ç'a été le règne du glaive. 1815 a été créé par l'aristocratie européenne; ç'a été le règne du privilége. 1830 a été créé par les riches bourgeois; ç'a été le règne de l'intérêt et de la cupidité. Tous ces gouvernements ont été des usurpations; ils n'avaient pas en eux le principe qui pouvait seul les faire vivre, la justice; ils sont tombés, et tous ceux qu'on copiera sur leur modèle tomberont de même. De là le cercle de révolutions et d'émeutes dans lequel nous ne cessons et nous ne cesserons jamais de tourner, tant qu'on attribuera à certaines castes des droits exclusifs au préjudice des autres classes de la société. Le prolétaire a pour lui la force du nombre; le soldat, la force du sabre; l'aristocrate, la force du nom; le riche, la force de l'argent. Ces forces ont prévalu successivement et régné tour à tour; mais, qui ne le sait? le règne de la force est violent, injuste, tyrannique, et tout ce qui est tel ne dure pas.

Pour mieux expliquer ma pensée, je prends pour exemple le dernier gouvernement, celui de Juillet. Voilà donc la richesse et la fortune élevées sur le pavois. Qu'ont-elles dit? qu'ont-elles fait? Elles ont dit que l'or régnerait seul, que par l'or on serait électeur; que l'or avait tel mérite intrinsèque, telles vertus morales, politiques, qui lui donnaient, à lui seul, le droit de faire des lois et de conduire les hommes. Et elles ont fait qu'on a eu part au pouvoir à proportion de sa fortune. Un tel est un honnête homme et un homme instruit; mais il paye 5 centimes d'impôt de moins que tel autre qui est un sot et un fripon, et ce dernier aura seul le droit de faire la loi qui les régira tous les deux. Quelle vertu pro digieuse dans une pièce de 5 centimes! Mais au moins, hommes qui avez élevé cette idole, dites-moi combien d'onces d'or je dois posséder pour être digne d'entrer dans le temple et de jouir du privilége électoral. Tant d'onces, me répond la France. Non pas, crie l'Angleterre du fond de son île. Vous vous trompez, reprend le Piémont. Vous n'y êtes pas, dit l'Allemagne. Eh quoi! la nature, Dieu, la raison, n'ont pas déterminé la quantité ni précisé la mesure! Mais qui donc la précisera? C'est encore nous, disent les riches. Mais ce nouveau droit-là, qui vous le donne? C'est notre or, toujours notre or. Mais qu'est-ce qui le prouve? Je le vois : avec ces deux phrases : C'est nous, c'est notre or, vous répondrez jusqu'à l'infini à la série de mes questions. Admirable logique à laquelle je craindrais de faire trop d'honneur en n'y voyant qu'un cercle vicieux ou une pétition de principe! L'esprit humain porta-t-il jamais aussi loin l'impertinence, la stupidité et l'arbitraire?

Vous ajouterez à vos catégories celle des savants, des hommes qui exercent certaines professions plus ou moins libérales; mais encore, où sera la limite, la ligne de démarcation? Vous la tracerez à votre gré, selon vos intérêts seuls, et en vertu de pouvoirs que vous vous attribuez par avance, c'est-à-dire que vous établirez encore des droits arbitraires en vertu de droits usurpés. Et qui vous a donné, à vous plus qu'aux autres, le droit de faire des lois électorales? Vous mettez d'abord en principe cela même qui vient en question, et vous dites avant de vous mettre à l'œuvre, gratuitement et sans autre mandat que celui que vous tenez de vous-mêmes et de vos pareils : « Nous payons tel cens, nous avons tel degré de doctrine; donc il n'y aura que ceux qui sont dans les mêmes conditions que nous qui auront le droit de gouverner. » Au moins faudrait-il que les auteurs des constitutions fussent les élus du suffrage universel. Alors, peut-être leur reconnaîtrions-nous quelque droit de limiter les capacités. Hors de là, je le répète, leurs actes sont des usurpations, et leurs raisonnements des sophismes. Je défie qu'on trouve jamais, soit dans les révélations du ciel, soit dans les inspirations de la raison, les preuves qui consacreraient ainsi, en dehors du droit divin, la domination d'une fraction du peuple sur les autres fractions.

Puisque j'ai nommé une seconde fois le droit divin, j'ai besoin d'expliquer ce que j'entends et ce que je crois qu'il faut entendre par ces mots.

Le droit divin est une communication faite à un homme ou à plusieurs, par un canal religieux et en vertu d'une onction sainte, de pouvoirs extraordinaires, utiles pour la conduite et le gouvernement des peuples. Dans un pays catholique, la communication se fait par le canal de l'Église de Jésus-Christ, et le pouvoir vient originairement de Dieu par le chef suprême de cette Église. C'est pourquoi j'ai avancé, plus haut, que le droit divin n'est qu'un mot pour qui nie la puissance temporelle des papes : c'est vouloir le caractère sans la participation de celui qui peut seul le communiquer.

Je soutiens, de plus, qu'il ne faut pas, comme on l'a fait, confondre le droit divin avec le principe monarchique, et moins encore avec le principe absolutiste. Tous les gouvernements créés dans le moyen âge, royautés, aristocraties, démocraties, existaient de droit divin, quelle que fût leur origine, dès qu'ils étaient reconnus par l'Église et par son chef. Pepin le Bref, Hugues Capet et tous les chefs de dynasties nouvelles qui, en Allemagne, en Angleterre, en Espagne et ailleurs, enlevèrent, avec l'approbation de l'Église, le sceptre royal des mains débiles de rois dégénérés, furent légitimes. Si l'Église favorisa le principe monarchique, héréditaire, absolutiste, ce fut sagesse et prudence de sa part. Il était important que, dans des siècles où dominaient surtout l'ignorance et la force brutale, on choisît les formes de la puissance les plus propres à donner des garanties de paix et de sécurité. Une royauté héréditaire et toute-puissante exposait à moins de secousses, et était entre les mains des pontifes de Rome plus facile à manier et à conduire ; mais, lorsque l'instrument devenait rebelle ou impur, le pape, en le brisant, montrait assez qu'il ne confondait pas le droit divin avec le principe de la royauté héréditaire. Séparé de la sanction et de la consécration religieuse, ce principe, qu'on a aussi appelé le principe de la légitimité, n'est donc plus qu'une idée ou plutôt une opinion, une thèse philosophique abandonnée aux disputes et aux interprétations de la raison humaine et à toutes les fluctuations de l'esprit systématique. On le soutiendra par les considérations générales de paix, de sécurité et de prospérité, et par l'exposé des avantages qu'il procure, comme on soutient les opinions contraires par les considérations de liberté, d'égalité et autres. Chacun en prend ce que bon lui semble, selon ses intérêts et la portée de sa raison individuelle, et le grand problème de la vie sociale et politique du monde devient de plus en plus une énigme.

La légitimité, d'ailleurs, dépouillée du caractère divin qui était à la fois pour elle un frein et une règle, aboutit infailliblement au despotisme, et jamais l'Église n'a cru ni enseigné que les peuples fussent un troupeau d'esclaves à la merci d'un maître, un ballot de marchandises à la disposition d'un monopoleur omnipotent. Elle n'a cessé de travailler elle-même à l'émancipation des masses, et de lutter avec gloire et succès contre les prétentions et les envahissements de la tyrannie. Lorsqu'elle a vu sa suprématie repoussée par les rois d'abord, et par la foule ensuite, elle a été la première à dire, comme autrefois le Seigneur à Samuel et aux Israélites : « Eh bien ! rassemblez-vous et choisissez-vous un maître selon votre cœur et selon vos doctrines, » c'est-à-dire : « Vous ne voulez plus de ma souveraineté?... Il n'y a, après la mienne, que celle du peuple : qu'elle agisse. » Malheureusement, elle a eu raison, en s'adressant au peuple, d'ajouter ces prophétiques menaces : « Voici ce que sera le roi que vous demandez... Il prendra vos fils pour conduire ses chars; il en fera des cavaliers qui marcheront devant lui, des tribuns et des centurions pour son armée, des laboureurs pour cultiver ses champs, des moissonneurs pour recueillir ses blés, des ouvriers pour fabriquer ses chariots et ses armes; il prendra vos filles pour apprêter ses parfums, le pain et les mets de sa table ; il vous enlèvera les meilleurs de vos champs, de vos vignes et de vos oliviers, ainsi que la dîme de toutes vos récoltes, pour ses eunuques et ses esclaves; il fera travailler pour lui vos serviteurs et vos servantes, vos jeunes gens les plus robustes et vos animaux domestiques. »

En effet, lorsque, au quinzième et au seizième siècle, l'Église eut été écartée du gouvernement du monde, le despotisme s'établit sans contrôle dans toute l'Europe, et la prophétie était ac-

complie ; mais ces premières paroles : *rassemblez-vous et choisissez-vous un roi*, ne furent pas oubliées par les peuples. L'Église
leur avait dit qu'après Dieu la souveraineté leur appartenait, et
cette idée, grandissant, se multipliant, répétée par mille échos à
toutes les intelligences, a d'abord renversé le despotisme, puis
enfanté les chartes et les constitutions, et elle doit nécessairement
se terminer dans la reconnaissance et la glorification du suffrage
universel.

Grâce donc au schisme survenu entre la politique et la religion,
grâce à l'ingratitude des hommes, c'en est fait aujourd'hui pour
la France, et c'en sera fait bientôt pour l'Europe, des noms, des
dynasties, de tous ces priviléges de races, qui ne sont plus qu'un
foment (1) perpétuel de partis, de haines, de discordes, de guerres
civiles et de révolutions. Le royaume de Dieu n'est point de ce
monde de sceptiques et d'athées au milieu duquel nous vivons,
et Jésus-Christ, en face d'une société païenne, n'a pas enseigné
d'autre politique que l'obéissance aux autorités établies. Ce dernier précepte ne regarde même que les individus qui ne peuvent
se constituer juges de l'ordre de choses subsistant, mais non le
peuple pris collectivement, dont la voix ici est bien véritablement
la voix de Dieu : *Vox populi, vox Dei*. En effet, toutes les formes
de gouvernement sont, selon les temps, les lieux et les circonstances, dans les desseins de la Providence, et, dès qu'un pouvoir existe de fait, il est, dans un certain sens, de droit divin.
« Toute puissance, dit saint Paul, vient de Dieu, et celles qui
sont sont ordonnées par lui. » Celles qui sont, quelles qu'elles
soient, de quelque manière qu'elles aient commencé, celles de
Tibère, de Caligula et de Néron, celles d'Hérode et de Pilate,
dès qu'elles existent de fait, existent par l'ordre et par la volonté
de Dieu, et on leur doit obéissance. — « Rendez à César ce qui
est à César, » dit Jésus-Christ. Et cependant César est un usurpateur ! « Obéissez à Caligula et à Néron, dit saint Paul aux
Romains, parce que leur puissance vient de Dieu. » Et pourtant
quelle puissance humainement plus contestable et plus odieuse ?
S'il existait, dans la nature des choses, une forme de gouvernement meilleure que les autres, ce serait celle-là, sans doute, que

(1) *Licebit signatum præsente notâ producere nomen ?*

Dieu aurait choisie pour l'imposer à son peuple. Or, il ne s'est arrêté à aucune : patriarcat, aristocratie, royauté, démocratie même, les Israélites ont passé successivement par tous ces régimes, sans que Dieu ait témoigné qu'il y en eût un qu'il préférât aux autres. Je me trompe... il préférait le gouvernement théocratique, c'est-à-dire le sien. Mais, lorsque les Hébreux n'en voulurent plus, qu'arriva-t-il? Dieu, alors, consent à regret à l'élection de Saül, et il brise dès le commencement ce sceptre, et avec lui le principe dynastique, en élevant David sur le trône. Quelques années après, il porte le même coup au principe d'hérédité par droit d'aînesse en plaçant la couronne sur la tête de Salomon, au préjudice du fils aîné de David. Dès qu'il laisse ces deux principes s'établir et prévaloir dans la succession au trône, Israël ne présente plus qu'une chaîne non interrompue de rois impies, et Juda compte à peine trois ou quatre princes vertueux dans la longue suite de ses tyrans.

Je ne veux pas dire par là que la république soit préférable à la monarchie... Dieu sait ce qu'il nous faut : acceptons ce qu'il nous donne. La république est le règne de la force et de la conquête, la monarchie celui de la sécurité et de la paix. Lorsque Dieu veut qu'une nation soit forte et conquérante, il en fait ordinairement une république; lorsqu'il veut qu'elle reste dans ses bornes naturelles, et qu'elle travaille paisiblement à son perfectionnement intérieur, il en fait le plus souvent une monarchie : car les conquêtes des monarchies furent toujours transitoires et le fait exceptionnel de quelque homme extraordinaire. La raison de la différence que je signale, c'est qu'un peuple de républicains travaille directement pour lui : son intérêt fait qu'il y met plus de puissance et d'énergie; le monarchiste, au contraire, s'imagine qu'en agissant il agit plutôt pour un autre : il se retire en luimême, et préfère le repos à l'action. Mais, monarchique ou républicain, le pouvoir actuel et de fait n'en est pas moins le seul auquel Dieu nous ordonne de nous soumettre.

Qu'on lise l'histoire... Dieu est-il jamais descendu sur la terre pour y établir lui-même directement un pouvoir? Tous les gouvernements n'ont-ils pas dû leur origine soit au consentement unanime du peuple, soit à l'influence de la majorité, soit à la force de la minorité armée, c'est-à-dire soit au peuple entier, soit à la fraction prépondérante? On a dit quelquefois, en faveur de la légitimité, qu'elle repose sur un contrat fait primitivement entre le peuple et le chef de la dynastie; contrat par lequel les parties ont engagé à tout jamais eux et leurs descendants, les uns à l'égard des autres. Ce contrat est une fiction... Qu'on m'en cite un exemple. Puis, où sont les témoins, les juges et les exécuteurs de la justice, pour l'annuler ou en garantir l'inviolabilité, dans le cas où l'une des parties manquerait à ses engagements? Qui a jamais donné aux pères une telle puissance sur l'avenir, la liberté et les destinées de leurs enfants?

Quelques-uns sont même allés jusqu'à prétendre que l'usurpation se légitime par le temps. L'usurpation est un crime... Peut-il y avoir prescription en faveur du crime? La morale publique ne saurait admettre qu'un objet volé est une propriété légitime, parce que, durant quelque temps, le voleur aura été assez habile ou assez heureux pour se maintenir dans la possession de la chose volée.

Le prétendu consentement tacite de la nation n'est pas un argument meilleur en faveur de la thèse en question. Quand une partie a la force en main, le silence de l'autre partie ne signifie pas adhésion, mais impuissance, faiblesse ou peur.

Telles sont les notions générales de pouvoir et d'autorité que donne le bon sens, que donne la religion elle-même dès qu'on l'écarte de la conduite des choses humaines. On m'accusera sans doute de légitimer par ma doctrine l'usurpation, la révolte et l'émeute. Qu'on m'écoute jusqu'au bout. Ce que je prétends, c'est d'abord qu'en dehors de la théocratie toute autorité a dérivé originairement de la souveraineté du peuple; c'est, en second lieu, que, par le peuple, elle vient de Dieu, et mérite, de la part des particuliers, respect et obéissance : ce qui n'empêche pas que les usurpateurs, les mauvais gouvernants et les sujets rebelles ne soient comptables de leurs œuvres au tribunal de Dieu et à celui de la nation, et que Dieu et la nation ne réparent en temps et lieu leurs injustices, ne châtient, quand il en est besoin, leurs excès et leurs crimes.

Le mal des tyrannies et des révolutions jusqu'à ce jour est

provenu de deux causes. La première est la corruption générale de l'esprit et du cœur tant en haut qu'en bas. Dieu châtie les peuples en changeant les rois en tyrans ; il châtie les rois en changeant les peuples en émeutiers et en révolutionnaires. Les peuples et les rois deviennent ainsi tour à tour la verge dont Dieu se sert pour les punir les uns par les autres. Voyez la France depuis que, par les inspirations de la philosophie, le libertinage de l'esprit y marche de front avec le dévergondage des mœurs. Combien y comptez-vous de révolutions ? Je ne saurais trop le répéter : tant qu'on n'aura pas réhabilité la vertu dans les âmes, tant que le catholicisme, cette seule et dernière école du respect, de l'obéissance, du dévouement, de la probité, de l'honneur, de la patience et de la résignation, n'aura pas été donné pour base à la société réorganisée, les crimes, en se multipliant, ne feront qu'irriter le ciel, et finiront par nous mener d'abîme en abîme au chaos et à la mort.

La seconde cause du mal est dans la manière erronée et injuste dont a été comprise et pratiquée jusqu'aujourd'hui la souveraineté du peuple. Ce droit, qui appartient à tous, n'a jamais été exercé que par certaines fractions de la nation, au préjudice des autres, qu'on ne consultait pas. Quand il plaisait à l'armée de s'en arroger l'exercice exclusif, elle faisait des tyrans, témoin l'histoire des empereurs romains. Lorsque l'aristocratie prévalait, elle faisait, sous un nom ou sous un autre, de la féodalité, témoin le moyen âge et presque tous les gouvernements qui ont subsisté depuis en Europe, sans en excepter les gouvernements constitutionnels de nos jours. Enfin, si le peuple des travailleurs et des prolétaires, fatigué de l'oppression, confisquait à son tour ce droit à son profit, il faisait de la démagogie et de l'anarchie, témoin l'histoire d'une foule de démocraties. Quoique tous ces gouvernements méritassent respect et obéissance, et fussent dans la main de Dieu, parce qu'en définitive ceux qui les fondaient avaient un droit comme partie du peuple souverain, parce qu'il s'établissait, en vertu de l'exercice successif et alterné de ce droit par chacune des trois grandes fractions du peuple, une espèce de compensation et d'équilibre, parce qu'enfin Dieu ne peut laisser les particuliers juges en semblable matière, il n'y avait pas moins, dans

l'origine de ces pouvoirs. un vice radical et essentiel qui, en pro-
-voquant, pour équilibrer ce droit, l'alternement de son exercice,
nécessitait des secousses et des révolutions. Un autre vice de ce
système, c'est qu'il était forcément tyrannique. Dans le premier
cas, on avait un tyran; dans le second, on en avait cent; dans le
troisième, on en avait mille. Tyrannie du souverain absolu, tyrannie de l'aristocratie nobiliaire, bourgeoise ou financière, tyrannie de la populace, tel est le cercle vicieux dans lequel ont éternellement tourné tous les peuples, par suite de l'inintelligence
du droit de souveraineté. Je ne déciderai point quelle est la pire
de ces trois tyrannies. Je les crois égales. Si le nombre des tyrans est plus grand dans les deux dernières, il y a d'autre part,
entre ces tyrans qui se trouvent en présence, une lutte nécessaire
qui paralyse, jusqu'à un certain point, leur action, de sorte que
la tyrannie d'un seul est même plus à redouter quelquefois que
la tyrannie de plusieurs.

Que faire pour sortir de ce danger sans cesse menaçant? Con-
sacrer, comme je l'ai dit, le droit de chacun et de tous par l'adoption du suffrage universel, et ne reconnaître de pouvoirs que
ceux qui sont émanés de cette source. C'est le seul moyen de re-
présenter, de respecter et de protéger également tous les droits,
et d'en finir ainsi, une fois pour toutes, avec les révolutions. Le
suffrage universel est la seule conquête utile que nous ait valu
1848. Mais il faut que l'État prenne des mesures pour qu'il soit
éclairé et sincère. Je voudrais une loi nette et loyale qui décernât
les peines les plus sévères, une peine infamante contre toute tentative de corruption, tant de la part des particuliers, des clubs
et autres sociétés de ce genre, que de la part des gouvernants
eux-mêmes. Je me réserve, du reste, d'exposer, dans le chapitre
suivant, la manière dont je comprends l'exercice de ce droit.

Concluons. Le pouvoir, le gouvernement à créer en France,
doit donc sortir du suffrage universel, de la souveraineté du peuple. Tout autre pouvoir serait un anachronisme dangereux. Une
dernière réflexion confirmera cette thèse d'une manière plus frap-
pante et plus sensible encore. Qu'est-ce qui crée la science?
Qu'est-ce qui, en dernier ressort, éclaire, conduit et gouverne les
hommes? C'est l'idée, non pas l'idée collective, qui est une fic-

tion, mais l'idée individuelle, qui, seule, invente, produit, révèle, organise et dirige. Or, l'être, quel qu'il soit, abstrait ou non, spirituel ou matériel, qui jouit seul de cette puissance et de cette influence, est aussi de fait le seul véritable souverain. Donc l'idée individuelle est souveraine; donc il n'y a de gouvernement légitime que celui qui résulte de la souveraineté de cette sorte d'idée. En Russie, l'idée individuelle règne; il n'y a là qu'une pensée et qu'une volonté : ce sont celles du czar. Ce gouvernement, en un sens, est rationnel, parce qu'il respecte le principe que j'expose. Il n'a que le tort de tuer la souveraineté de l'idée dans le nombre pour ne la laisser agir que dans l'unité. Mais vous ne voulez pas sans doute de l'autocratie russe. Que reste-t-il alors ? La souveraineté de l'idée dans chacun, ce qui n'est autre chose que la souveraineté du peuple, souveraineté qui serait un vain mot si elle ne s'exerçait par le suffrage universel, qui en est l'unique manifestation possible. Il est facile de voir par là que la souveraineté de la nation, affichée en tête des dernières chartes, est une absurdité du constitutionalisme; car cette souveraineté supposerait l'existence de l'idée collective, qui est, ainsi que je l'ai fait entendre plus haut, une synthèse chimérique, une abstraction imaginaire sans réalité subjective.

Le principe de l'autorité défini, nous allons chercher quels sont le genre de constitution politique et la forme de gouvernement qui en dérivent le plus naturellement. Ce que je vais dire paraîtra étrange. Qu'on me lise sans prévention, avec un peu de bonne volonté et en méditant sérieusement. Je n'accepte la critique et ne sollicite l'indulgence qu'à cette condition.

CHAPITRE II.

UNE NOUVELLE FORME DE GOUVERNEMENT
LA SEULE LOGIQUE, POSSIBLE ET VIABLE DANS LES CONDITIONS ACTUELLES
DE LA SCIENCE, DES MOEURS ET DE LA CIVILISATION.

Le meilleur gouvernement serait sans contredit celui qui existerait en vertu du droit divin et de la souveraineté du peuple. Celui-là représenterait en effet les deux principes, seules sources légitimes du pouvoir. Qu'un homme appelé par les vœux du plus grand nombre, approuvé visiblement de Dieu par la voix de l'Église et de son chef, oint de l'huile sacrée et revêtu ainsi d'un caractère auguste et inviolable, soit porté sur le trône d'une nation catholique que les révolutions ont désorganisée et qui vacille éperdue sur le bord d'un abîme, toutes les âmes honnêtes, amies de la vertu et de la paix, se tourneront naturellement vers lui comme vers la dernière planche de salut qui s'offre à elles. Le peuple, instruit par le malheur, s'inclinera peut-être enfin sans arrière-pensée sous la main de Dieu et de son Église. Le sceau divin, brillant sur le front du monarque, invitera à l'obéissance et au respect, vertus mortes aujourd'hui, qu'il serait si important pour le repos de la société de réveiller dans les cœurs. L'homme qu'on cherche serait trouvé sans secousses : le problème qui émeut toutes les hautes intelligences serait résolu sans qu'il fût besoin de l'enfantement laborieux de mille monstres de doctrines qui ne naissent que pour dévorer les peuples. La France, enfin, serait sauvée, si toutefois elle peut l'être encore.

Mais le souverain envoyé de Dieu reste homme dans sa vie privée, dans l'administration des intérêts matériels du peuple, parce qu'il reste libre. L'Église d'ailleurs et son chef ne peuvent ni ne doivent embrasser à la fois tous les détails des besoins spirituels et temporels de la société. Quelle arme Dieu a-t-il donnée aux nations pour les préserver des dangers qui viennent du souverain, pour suppléer à l'impuissance de son Église? Je l'ai dit : la souveraineté du peuple et le suffrage universel. Ses intérêts terrestres, le peuple en vertu de droits qu'il tient également de Dieu, les protégera par un conseil nommé par lui, qui résidera auprès du chef, qui l'éclairera, qui s'opposera aux empiétements, aux injustices, aux vexations. Nous aurions ainsi un gouvernement qui viendrait à la fois de Dieu et du peuple, qui serait en même temps légitime et libéral, qui donnerait d'une part la paix et la sécurité, et de l'autre la liberté et l'indépendance, qui consacrerait les droits de tous, qui représenterait, en un mot, les deux principes éternels qui sont le fondement de la société. Dieu et l'Église seraient les témoins du pacte de réconciliation. En cas de lutte ils deviendraient les arbitres et les juges des conflits : les rois ne pourraient plus seuls faire entendre leur voix au tribunal catholique : la nation serait constituée; elle aurait ses représentants pour plaider sa cause. A l'ombre du sanctuaire, le principe monarchique lui-même redeviendrait un fait en redevenant un bien ; et, sans aucun doute, la couronne de France, dans l'hypothèse que je discute, ne ceindrait nulle tête plus dignement que celle du dernier représentant de la branche aînée des Bourbons.

Mais, malheureusement, la science moderne a tué le droit divin : c'est là un fait accompli, et Henri V montant aujourd'hui sur le trône sans y être porté par la souveraineté du peuple et le suffrage universel, ne serait plus qu'un usurpateur. Légitimistes gallicans et constitutionnels, ne vous plaignez pas : ce que je dis est une conséquence nécessaire de vos opinions et de vos doctrines : je l'ai assez prouvé. Voulez-vous avoir la vérité et l'espérance pour vous, soyez ce qu'on appelle ultramontains, et reconnaissez en même temps les droits du peuple : car un jour le droit divin ressuscitera : il est un des éléments constitutifs de l'ordre social, il est une vérité, et la vérité ne meurt pas pour toujours. Mais jusque-là votre règne est impossible, et il serait une calamité nouvelle : le trône reposerait sur le sable, et s'écroulerait encore dans le sang.

La royauté de Juillet n'est pas plus possible que la Restauration. J'ai déjà montré que c'était un gouvernement inique, né de l'orgueil et de l'avarice. Nul régime n'a matérialisé l'homme à un plus haut point. Mieux vaut l'esclave assimilé à la brute que l'image de Dieu estimée au poids de l'or. Et qu'est-ce donc qu'une couronne tressée par l'ambition professorale et par le journalisme cupide, ramassée dans la boue des rues, et offerte par une bande d'émeutiers forcenés qui ne formaient pas la millième partie de la population de la France? Il n'y a que les hommes d'argent, certains fonctionnaires dépossédés, des ci-devant ministres avides de ressaisir leurs portefeuilles, et quelques soldats de fortune qui puissent regretter 1830. Aussi les princes de la maison d'Orléans ne relèveront-ils la gloire de leur nom qu'en abdiquant une filiation malheureuse, et en se rangeant noblement aux côtés du premier représentant de leur race, pour attendre là des jours meilleurs. Du reste, le constitutionalisme n'est qu'un gouvernement de transition : il est, à la vérité, un premier pas fait vers le progrès; il est un chemin, mais un chemin glissant plein de périls, de sang et de ruines. Car le caractère de ce régime est d'être essentiellement révolutionnaire. Se substituant à la monarchie, il en a gardé le nom et en a détruit les institutions; d'où il est arrivé qu'en France hommes et choses, tout s'est trouvé et se trouve encore déplacé et dans un état de contradiction permanente. Moi qui vous parle, et qui devrais tenir le manche de la charrue au lieu de manier la plume, je suis un fait révolutionnaire. Si l'Angleterre, quoique constitutionnelle, a encore quelque vitalité, elle le doit un peu au caractère de la nation, et surtout à son organisation et à ses institutions sociales, qui sont toutes monarchiques. En France il ne peut y avoir qu'une monarchie de nom, parce que tout y est organisé dans le sens de la démocratie. En Angleterre, il y a monarchie de nom et de fait. Le roi, il est vrai, n'y exerce pas directement et absolument le pouvoir; mais, ce qui revient au même, il ne fait que le commettre à des mandataires et à des amis qui sont intéressés autant et plus que lui à la vie de la royauté.

La résurrection de l'empire serait, pour la France, une tentative plus désastreuse encore. Et sur quoi fonderait-on un acte de ce genre? Sur le droit que donne la qualité de neveu ou de successeur? Mais d'autres peuvent, à plus juste titre, revendiquer un droit analogue. Aurez-vous recours à un coup d'État ou à l'emploi de la force? Mais alors vous usurpez ou par la supercherie ou par la violence.

Que reste-t-il donc? La République telle qu'elle existe aujourd'hui? Mais c'est là une forme imposée par le gouvernement provisoire sans que la nation ait été consultée. Cette forme, d'ailleurs, présente trop de chances d'instabilité, ouvre une voie trop large aux passions, aux commotions, aux bouleversements, pour qu'elle puisse répondre aux besoins d'un peuple. Je dois dire, cependant, que les pouvoirs du président sont incontestables, et que, dans l'état actuel des choses et des esprits, il n'est pas possible de tenir l'autorité d'une source plus légitime et plus sacrée. Qui attenterait à ces pouvoirs avant le jour où ils doivent expirer se rendrait manifestement coupable du crime de lèse-nation.

Vient ensuite la démocratie, que je confonds avec le socialisme, parce que, dans mon esprit, leurs moyens et leurs tendances sont les mêmes. La démocratie telle qu'on l'entend est-elle donc le gouvernement qui convient à la France? A Dieu ne plaise! j'ai repoussé tous les autres; je repousse de même celui-là. La souveraineté de la populace n'est pas la souveraineté du peuple, et la force aveugle est la pire de toutes les puissances.

Que conclure? Que, de tous les gouvernements rêvés, tentés, proclamés, aucun n'est juste ni légitime; que tous les partis se trompent et s'égarent; qu'en en soutenant un, quel qu'il soit, on ment à sa conscience, à la raison, à la justice. Mais faut-il donc laisser tomber la société dans l'anarchie et le chaos? Non. Il ne faut qu'être de bonne foi et conséquent. Vous avez écarté le droit divin; vous ririez au nez de qui voudrait, à l'heure qu'il est, le faire revivre et le poser comme base d'un édifice politique quelconque; soit. Il faut bien accepter les hommes tels que vous les avez faits; et vous avez si bien perverti les intelligences, que le droit divin ne peut renaître que par un miracle qu'il serait téméraire d'espérer.

Voyons donc quel gouvernement est possible et raisonnable avec la souveraineté du peuple, seul et dernier principe d'autorité que vous ayez laissé debout sur la terre, et qui soit fondé en raison. D'abord, qui vous autorise à donner un nom ou une forme au gouvernement? Le peuple en a seul le droit. Consultez-le donc. S'il veut d'une république, la France sera républicaine; s'il veut d'une monarchie, elle sera monarchique. Vous ne l'avez pas fait; vous avez eu recours aux escamotages et aux tours de main. Qu'en est-il résulté? C'est qu'on méprise votre œuvre, et qu'on bafoue impunément votre République. La première condition de légitimité pour un gouvernement est donc que la forme en soit dictée par le suffrage universel.

La forme une fois trouvée, essayons de chercher l'organisation la plus conforme au principe, la plus propre à assurer le repos et la prospérité publique; une organisation qui s'adapte également à la forme monarchique et à la forme républicaine, une constitution enfin qui soit viable, quel qu'ait été le premier vote de la nation. L'opinion, je dis mieux, la raison publique, en France, est complétement égarée par les partis, et c'est là la grande plaie de la situation actuelle de ce pays, qui ne sortira jamais des ténèbres où depuis longtemps il ne cesse de chanceler, s'il ne se résout enfin à prêter l'oreille aux voix impartiales et désintéressées qui lui arrivent du dehors, aux théories élaborées dans le silence des passions et sous les inspirations seules du sens commun et de la raison générale.

Nous avons vu le peuple choisir la forme du gouvernement; il appartient encore au peuple d'en élire le chef. Une élection à vie est, pour la France surtout, la première condition de stabilité, de repos et de bonheur. Remettre en question tous les quatre ans le problème de la constitution sociale et politique du pays, c'est nourrir indéfiniment toutes les ambitions, fomenter sans discontinuer toutes les passions, faire lever périodiquement la tête à l'émeute; c'est tenir en suspens toutes les existences; c'est user la vie de la nation sans lui laisser un jour pour en jouir; c'est de l'anarchie permanente; c'est une absurdité et un attentat. Un roi électif à vie ou un président à vie, selon que vous aurez une monarchie ou une république, peu importe le nom, il n'y a pas d'autre alternative raisonnable. On va m'opposer sans doute, à propos de chef électif, l'exemple du royaume visigoth d'Espagne, de l'empire allemand et de la Pologne. La comparaison porte à faux. Les Visigoths, les Polonais et les Allemands n'ont jamais eu de rois ni d'empereurs élus par le suffrage universel. Que des castes ambitieuses se disputent les dépouilles de la royauté, et en brisent le sceptre par leurs querelles, c'est là un fait qui n'a aucun rapport avec la thèse que nous soutenons. Les élus du sabre, de la violence, de la richesse et du privilége, ne sont pas les élus du peuple; et il y a loin de rois appelés indifféremment de tous les points de l'Europe, au citoyen que nous voulons voir placé exclusivement à la tête de la nation.

L'élection à vie a cet autre avantage qu'elle donne au chef de l'État le temps d'acquérir les lumières et l'expérience nécessaires pour bien gouverner, et celui d'en user dans l'intérêt de son peuple. Le faire rentrer dans la foule au moment où il a l'habileté requise et où il peut être utile, c'est vouloir vivre éternellement sous la férule d'hommes novices, incapables; c'est demander des enfants pour maîtres; c'est rejeter les plus simples et les premières notions du sens commun. Qu'est-ce qui a perdu l'enseignement des petits séminaires, et a malheureusement donné tant de force et de succès aux écoles universitaires? N'est-ce pas la coutume irréfléchie de choisir les professeurs parmi les jeunes séminaristes, et de les remplacer, après un an ou deux, par d'autres jeunes gens, de sorte que tout le système de l'éducation se résout fatalement pour ces maisons dans une suite non interrompue d'essais, de tâtonnements et d'incertitudes? Il en serait de même d'un pouvoir qu'il faudrait renouveler tous les quatre ans ou à d'autres époques un peu plus ou un peu moins rapprochées. La Constituante de 1848 a eu tort de passer sur tous ces inconvénients en limitant, comme elle l'a fait, la durée des pouvoirs du président, et en interdisant sa réélection.

J'ai démontré dans le chapitre précédent que l'élu du suffrage universel est investi des droits de tous, tant de ceux qui l'ont nommé directement que de ceux qui lui ont refusé leurs votes, attendu que ces derniers en consentant le pacte primitif et fondamental, base unique de la société actuelle, ont implicitement reconnu d'avance le pouvoir qui serait créé par la majorité. Bien plus, la volonté des enfants mineurs suit celle de leurs pères. Il résulte de ces deux considérations que l'élu de la majorité est réellement l'élu de toute la génération existant au jour de son élection. Qu'après cela il règne quarante ans, si vous le voulez, il représentera encore à l'heure de sa mort les pouvoirs de la majorité, parce qu'à l'heure de sa mort la majorité des électeurs se composera encore de la génération existant au jour de l'élection. Je fais ces réflexions, pour prévenir les difficultés qu'on pourrait m'opposer en prétendant qu'une royauté ou une présidence à vie blesserait les droits des générations nouvelles.

Enfin, à la faveur du système que je propose, l'État aurait toujours à sa tête un homme mûr, capable, instruit, expérimenté, et le plus souvent un citoyen dévoué et honnête. On éviterait ainsi les orages des minorités, et les malheurs des incapacités, suites inévitables de la royauté héréditaire. Il ne serait plus possible d'inféoder sa fortune et celle de ses enfants à une dynastie, et on échapperait à la création de nouvelles classes de titulaires et de privilégiés, en même temps que les classes anciennes, manquant de point d'appui et de résistance, s'abaisseraient naturellement et insensiblement jusqu'au niveau commun. Les partis s'effaceraient peu à peu. Le temps est le père de l'oubli et de la mort ; et sa faux en moissonnant les hommes moissonne aussi les affections et les souvenirs : puis on finirait par comprendre que l'ordre et la marche régulière des faits et des principes valent mieux que les orages que soulève un prosélytisme fanatique et dangereux, quelque impuissant qu'il soit au fond.

Mais après la mort du chef qu'elle s'était donnée, que devra faire la nation ? Alors incontestablement tous les droits de la génération ancienne redeviennent entiers. Ceux de la génération nouvelle qui a grandi, qui s'est multipliée et qui commence à compter dans la majorité de la nation, ôte d'ailleurs le caractère de validité à toute aliénation de droits ultérieurs qu'aurait pu faire la première génération en faveur de la postérité du chef qui n'est plus. Il faut donc procéder à une nouvelle élection : il faut dans les mêmes formes demander un nouveau maître à l'urne électorale, un suffrage universel. Je vais plus loin : les nouveaux venus ont autant de droit que leurs pères d'avoir une constitution qui soit leur œuvre : il sera nécessaire, par conséquent, de réviser la constitution existante. La constitution révisée, et le nouveau chef élu par la voie du suffrage universel, tous les droits se trouvent respectés : personne n'a à se plaindre, et la machine fonctionne de nouveau sans trop de secousses.

J'ai dit que la constitution doit être révisée après une certaine période d'années, parce que le temps marche, parce que les idées changent, parce que les mœurs, les besoins, les intérêts se modifient, parce que l'esprit humain progresse, parce que la civilisation a des phases, parce que la volonté du peuple souverain varie sous l'influence des doctrines qui l'agitent et le mènent. Au lieu d'avoir dans l'espace de soixante ans cinq ou six constitutions différentes, nées du sang et sorties de dessous les ruines de la patrie, comme cela est arrivé en France, vous aurez tous les quarante, tous les cinquante ans, par exemple, une nouvelle charte, prévue, attendue, enfantée sans douleur, vivante et forte de la sainteté de ses droits et de son origine. Cette révision doit avoir lieu, selon moi, tous les quarante ou cinquante ans, afin que la constitution soit l'expression des volontés de chaque génération nouvelle. Il serait à propos de la faire coïncider avec l'élection d'un nouveau roi ou président, de peur d'entraver la marche du pouvoir, de susciter au gouvernement établi des embarras et des difficultés, et de déplacer trop souvent les populations appelées à voter. Pour cela il suffirait de restreindre ou d'étendre la période selon certaines limites qui auraient force de loi. Ainsi quand, après une révision, un ou plusieurs règnes ne dépasseraient pas l'espace de trente ans, on attendrait la fin du règne suivant pour procéder à une nouvelle révision, de sorte qu'il faudrait au moins un laps de trente années entre chaque révision, et au plus, la durée d'un règne, ajoutée à ce dernier nombre.

Pour l'élection du roi ou du président, le suffrage serait direct et par communes. Il faut adopter le mode le plus simple, s'il ne présente pas d'inconvénients. Or, lorsqu'il s'agit de deux ou trois hommes qui par leur mérite dominent une nation, qui sont généralement connus de ses membres, et sur lesquels se portent naturellement les regards et les vœux du plus grand nombre, il importe peu que les bulletins où leurs noms sont écrits soient déposés dans l'urne à la commune ou au chef-lieu du département.

Quant à l'élection des membres de l'assemblée destinée à réviser la constitution, bien que je redoute peu les influences de clocher, je consentirais volontiers, par respect pour certains scrupules et certaines susceptibilités, qu'il est d'ailleurs utile de ménager dans l'intérêt du public, à l'adoption de ce qu'on appelle le suffrage par scrutin de liste, mode de suffrage qui aurait peut-être cet avantage d'ajouter, par sa rareté et par le mouvement qu'il nécessiterait, à la solennité de l'acte, et de faciliter le choix des hommes les plus éclairés. Comme j'admets plus bas, ainsi qu'on le verra, le suffrage à plusieurs degrés pour la nomination des représentants, il en résultera (qu'on me pardonne cette conclusion dont la naïveté fera sourire et qui a pourtant son poids, parce qu'il est prudent de satisfaire le plus de goûts et le plus d'opinions possible), il en résultera, dis-je, que la France pourra user tour à tour, et selon l'occurrence, des divers modes de suffrage inventés jusqu'à ce jour. Mais l'exercice général du suffrage direct, n'ayant lieu qu'à des intervalles ordinairement très-éloignés, ne nécessitera plus l'ébranlement dangereux et fréquent des masses. Il deviendra aussi une magnifique et noble solennité : car il sera beau et touchant, le jour où la voix majestueuse et imposante de la mort criera du fond d'un tombeau à tout un peuple en suspens : Peuple, me voici : je te rends ton sceptre et les droits que tu tiens de Dieu : à toi de réparer les ruines du temps, à toi de reconstruire, s'il t'est utile, l'édifice de ta politique : à toi enfin de remettre ce sceptre entre les mains du plus digne ! Ce cri sera infailliblement entendu : la nation frémissante se lèvera comme un seul homme ; pas un citoyen ne refusera de répondre à l'appel ; et la jeunesse assistant pour la première fois à ce spectacle sublime, bien loin de courir aux révolutions pour briser les chaînes et secouer le joug du passé, comme elle fait de nos jours, ira manifester paisiblement ses vœux, écrire librement la première page du code qui doit régler ses destinées futures, ouvrir enfin majestueusement, avec la clef d'or de l'indépendance, le temple sacré de son avenir. Au lieu de cela, qu'a-t-on fait ? On a déconsidéré le suffrage universel par l'abus ; on en a fait un interprète infidèle et mensonger de la volonté nationale en lui donnant les apparences d'un joug et d'une corvée : on fatigue et on dégoûte le peuple en le déplaçant à tout propos et à tout moment : on rend, en un mot, ridicule et méprisable ce qui est le dernier refuge de la société mourante.

Étudions maintenant la nature et l'étendue des pouvoirs du chef de l'État, et décrivons les ressorts et le mode d'action de la force parallèle appelée à en comprimer les excès ou les écarts. L'autorité est tombée dans le mépris ; il est nécessaire de la relever : car l'anarchie et le désordre marchent inévitablement derrière l'autorité avilie. La société aujourd'hui est vacillante, déchirée, je dirai presque perdue, parce qu'elle a renié l'autorité. Donnons donc au chef élu toute la part d'autorité compatible avec les lois de la prudence. Entourons sa tête d'une auréole de gloire et de grandeur ; qu'il soit inviolable par la consécration qu'il a reçue du peuple ; qu'il jouisse de la plénitude du pouvoir exécutif ; qu'on le laisse libre dans le choix de ses ministres ; qu'on interdise à la tribune et à la presse de livrer ses actes ou sa vie à la flétrissure et aux railleries publiques. Je hais le luxe qui excite l'envie et la prodigalité qui achète les âmes. Néanmoins, que votre roi ou votre président ait une cour digne, convenable, telle qu'elle puisse provoquer l'obéissance par sa force, le respect par sa majesté. Pour tout résumer en une phrase, donnez à l'élu du peuple les mêmes prérogatives, la même puissance et le même éclat qu'on a laissés aux rois constitutionnels de notre siècle, et plus encore, si c'est possible.

L'Assemblée nationale, ou des représentants, serait nommée de la manière suivante : chaque commune élirait, par la voie du suffrage direct, les membres du conseil municipal ; chaque conseil municipal déléguerait, à la majorité des voix, un de ses membres pour former le conseil d'arrondissement, chaque conseil d'arrondissement trois des siens pour former le conseil général, et chaque conseil général choisirait de même dans son sein trois membres pour les envoyer à l'Assemblée nationale, qui se trouverait ainsi composée de deux cent cinquante-deux députés des départements, auxquels s'adjoindrait le conseil d'État ou une commission permanente nommée par le roi ou président.

Les ministres ne pourraient être représentants.

Chaque session annuelle ne durerait que trois mois.

Il y aurait, en certains cas extrêmes ou solennels, lieu à des convocations extraordinaires, soit sur la demande du chef et de ses ministres, soit sur la demande de la majorité des conseils généraux.

Chaque représentant envoyé par les départements ne serait nommé que pour une session, et il recevrait une indemnité à raison seulement des trois mois que siégerait l'Assemblée.

Ce système peut paraître bizarre au premier abord. Voici sur quoi je l'appuie. L'adoption du suffrage à plusieurs degrés pour l'élection des membres de l'Assemblée présente de nombreux avantages. 1° La nomination d'un représentant ne demanderait que le concours d'une commune : la commune se bornerait à envoyer un citoyen au conseil municipal ; le conseil municipal enverrait un de ses membres au conseil d'arrondissement, celui-ci un des siens au conseil général qui serait, en dernier lieu, chargé de combler le vide fait dans l'Assemblée. De cette manière, tout se passerait sans tumulte et sans dangers ; ce qui vaut mieux, à mon avis, que de mettre un département tout entier en émoi à chaque décès ou à chaque démission de représentant, que d'agiter la France d'un bout à l'autre toutes les fois qu'il s'agit de renouveler l'Assemblée. Tous ces déplacements, je l'ai dit, fatiguent l'électeur, tronquent, déconsidèrent et faussent le suffrage. 2° Dans l'opinion que j'émets, la corruption serait moins facile, moins fréquente et moins dangereuse ; l'élection n'aurait plus lieu sous la pression des circonstances et du journalisme, et on aurait peu d'intérêt à corrompre les électeurs d'un simple conseiller municipal, qui ordinairement ne serait pas celui qui, de conseil en conseil, arriverait aux bancs de l'Assemblée nationale. La corruption même se fît-elle jour par intervalles, cette dernière considération en écarterait à peu près les dangers. 3° L'ignorance et la simplicité d'un grand nombre d'électeurs seraient protégées contre les surprises de l'opinion et des partis. Ce ne serait plus le fanatisme du moment qui dicterait les votes ; ce ne seraient plus des noms inconnus glissés insidieusement dans les mains du paysan et de l'ouvrier : ce serait un concitoyen dont la vie est un livre ouvert à tous les yeux qu'on appellerait à régir les intérêts de la commune, et on laisserait aux hommes éclairés composant les conseils le soin de confier ultérieurement aux plus dignes le mandat définitif de représentant. Le petit peuple ne se trompera pas dans le choix du chef de l'État ; il est extrêmement exposé à errer dans le choix des représentants. 4° Enfin, les départements auraient pour députés des hommes connaissant leurs besoins et leurs intérêts divers, parce que chacun de ces hommes serait originaire du département qu'il représente, ou du moins l'aurait habité assez longtemps pour être réputé tel : car les communes n'iraient pas chercher des étrangers pour en faire des membres de leurs conseils municipaux. Cette combinaison écarterait donc tous les ambitieux de la capitale, toute cette cohue d'intrigants sans frein qui inondent les provinces de leurs agents pour y acheter des voix, fascinent et dupent les populations, se servent de la crédulité publique comme d'un piédestal pour y élever leur fortune, promettent beaucoup sans jamais rien tenir, ne savent pas le premier mot des besoins des départements qu'ils représentent, et centralisent à Paris, au profit des révolutions, toutes les passions éparses sur le sol de la France. Le fléau, la peste qui dévore les entrailles du pays, est cette nuée de savants parisiens, avocats, professeurs, journalistes et autres, race égoïste et envieuse d'exploiteurs superbes, qui se croit seule digne de gouverner le monde, et qui cherche tous les moyens de le bouleverser pour parvenir à ses fins. Que les départements envoient chacun sur les bancs de la Chambre un de leurs honnêtes enfants : il y aura plus de vérité dans la représentation nationale, et on fermera une voie au funeste système de la centralisation absolue.

Je suis d'avis d'adjoindre le conseil d'État ou une commission permanente aux envoyés des départements. Voici pourquoi : il est des lois d'intérêt général qui ne peuvent être sûrement entrevues, discutées et élaborées, que par des hommes éminents et spéciaux, consacrant à cette étude leurs talents, leurs travaux et leur vie. Il importe que ces hommes résident au siége même du gouvernement pour en suivre l'allure et les actes, et pour de là dominer la France, ainsi que le mouvement des esprits et des choses. Or, ce double but serait heureusement atteint par le conseil ou la com-

mission que je propose, et dont les membres devraient être
nommés par le chef du pouvoir pour un temps indéfini. Cette
commission, en même temps qu'elle serait le lien et le fil con-
ducteur qui rattacheraient ensemble les diverses sessions de
l'Assemblée et leurs travaux, éclairerait utilement les députés
des départements par sa longue expérience des affaires, et ne
nuirait, du reste, en rien à l'indépendance des votes des élus du
peuple, attendu que, composée d'une cinquantaine de membres
au plus, elle ne formerait dans la Chambre qu'une minorité, ordinairement impuissante dans les occasions solennelles ou criti-
ques. L'Assemblée se trouverait ainsi composée de trois cents
membres à peu près. Pendant les neuf mois qui sépareraient
chaque session, la commission, ainsi que les conseils généraux,
prépareraient leurs travaux et formuleraient dans des cahiers *ad
hoc*, l'une les besoins de la nation, les autres les intérêts locaux
de leurs départements, et le tout, durant les trois mois que siégerait l'Assemblée, serait discuté, réglé et voté en commun, con-
jointement avec l'impôt et le budget de l'année courante.

Il suffirait d'une session de trois mois, d'abord, parce que
toutes les matières auraient déjà été préparées à l'avance, et, ensuite, parce que les affaires marchent vite quand on se borne à
un examen consciencieux des questions, sans frais d'éloquence
inutile. Il ne faut pas qu'une nation, pour le plaisir d'avoir des
orateurs, s'expose témérairement à une agitation continuelle.
L'éloquence de la tribune est, si j'ose le dire, la torche fatale,
incessamment allumée, qui met le feu aux imaginations ardentes
des masses, attise toutes les passions populaires, et a causé tous
les incendies qu'on voit dévorer aujourd'hui l'Europe. Aussi les
parlements modernes sont-ils devenus des arènes sanglantes où
mille ambitions rivales se font, avec le ricanement d'une impu-
deur inouïe, un marchepied insolent des ruines qu'elles amon-
cellent au sein de la patrie. Un pays qui se laisse conduire par
des rhéteurs marche sur le bord d'un abîme; il n'entend réson-
ner partout que la voix des passions; celle de la raison y devient
muette; ou, si parfois elle veut se faire entendre, elle est aussitôt
étouffée. Ajoutez à cela qu'un gouvernement qui a perpétuelle-
ment en face de lui une assemblée espionne et tracassière est ar-

rêté à chaque pas dans sa marche, déconcerté sans cesse dans ses plans, et réduit à l'impuissance de mener à terme aucun projet ni aucune œuvre utile.

Ce n'est pas tout. Il est nécessaire, pour que l'État fonctionne régulièrement et paisiblement, que le chef du pouvoir choisisse ses ministres en dehors de la Chambre. Qu'une loi positive, irrévocable, ôte à tout jamais aux représentants l'espoir des portefeuilles. Jusque-là, l'Assemblée ne cessera d'être un champ de bataille où l'orgueil et l'intérêt, consumant à leur profit les trois quarts des sessions et foulant scandaleusement aux pieds le bien public, fourniront une pâture éternelle à l'hydre révolutionnaire. Qu'est-ce que l'opposition la plupart du temps? C'est le camp d'un ambitieux qui veut être ministre. Par quels moyens cet homme tend-il ordinairement à son but? Il attaque de gaieté de cœur tous les projets et tous les actes du gouvernement; il fait retentir la tribune de déclamations furibondes; il emprunte ou achète la voix des journaux; il soulève, en l'égarant, l'opinion publique; il pousse son pays jusqu'au bord du précipice; puis, quand le pouvoir, effrayé, a cédé, que le héros parlementaire a fait sa conquête, il agit comme son prédécesseur, moins bien souvent; et les choses vont comme par le passé, sinon beaucoup plus mal. Mais il a remporté la victoire : que lui importe le reste? Maître du pouvoir, croyez-vous qu'il va s'occuper des intérêts du pays? Tant s'en faut. Il a un portefeuille à conserver, et il s'agit maintenant de le défendre contre les attaques d'autres ambitieux. C'est dans ce sens qu'il dirigera surtout ses batteries. Périsse la France plutôt qu'un portefeuille ! Temps perdu, honte, scandales, maux de tous genres, tels sont les fruits de l'organisation actuelle des représentations nationales et des combinaisons ministérielles.

Les raisons sur lesquelles j'appuie les autres parties de mon système sont assez claires et assez faciles à découvrir pour que je ne croie pas devoir les développer. Si je n'ai admis qu'un seul homme à la tête de l'État, c'est qu'il me semble qu'un gouvernement n'est fort que par l'unité; c'est que la France est accoutumée depuis quatorze siècles à la forme monarchique; c'est que, dans ce pays surtout, il faut éviter le concours et le conflit des

ambitions, qui sont là, beaucoup plus que partout ailleurs, ardentes, irréfléchies, avides et innombrables. Nous avons exposé l'organisation qui nous paraît la plus rationnelle, tout en laissant le
peuple libre, dans l'exercice de sa souveraineté, de construire l'é-
difice sur le plan qu'il lui plaira d'adopter. Ce que nous avons dit
pourrait même convenir en grande partie à des formes plus dé-
mocratiques. Quant aux détails, nous laissons à d'autres, plus
habiles et plus expérimentés que nous, le soin d'y pourvoir.

Ce serait ici le lieu de dire quelque chose de l'administration
et des principes qui doivent la régir ; mais une semblable discussion nous entraînerait trop loin, et nous mènerait inévitablement
à l'examen de détails que je veux éviter. Une seule phrase, im-
portante à méditer, fera connaître ma pensée à cet égard. *Il faut,
le plus possible, centraliser le pouvoir et décentraliser l'administration.* Il faut centraliser le pouvoir : j'en ai dit les raisons
en parlant de son unité; mais il faut décentraliser l'administration, parce qu'il n'est pas juste que Paris soit seul l'arbitre des
destinées de la France; qu'il en trouble le repos et la fortune
quand bon lui semble, et qu'il élève et renverse à son gré les
rois et les gouvernements. Constituez fortement les provinces,
afin que, dans l'occasion, elles puissent opposer une digue effi-
cace au torrent dévastateur de la démagogie parisienne. Il est
temps d'en finir avec la tyrannie de la capitale.

Je résume ma thèse. Les seuls gouvernements qui soient fon-
dés en raison, quoiqu'à des degrés et à des titres différents, sont
donc : 1° le gouvernement théocratique ou du droit divin proprement dit; 2° le gouvernement populaire, basé sur le suffrage
universel; 3° un gouvernement mixte et tempéré, qui serait une
espèce de composé des deux précédents, tel qu'est celui dont j'ai
donné une esquisse en commençant ce chapitre. Le premier appartient au passé : il n'y faut plus songer. Le troisième, qui me
semble le plus parfait, est du domaine de l'avenir : il faut attendre. Le second convient donc seul au présent, parce qu'il est,
comme je crois l'avoir prouvé, le seul logique, possible et viable
dans les conditions actuelles de la science, des mœurs et de la civilisation. 1852 est à la porte. Il s'agit, pour la France, de jeter
son habit d'arlequin, et de revêtir une bonne fois le manteau de

la raison. Jusque-là , toute doctrine qui ne sera pas courtisane dans un sens ou dans un autre ne sera qu'un vain son perdu dans l'espace. Mais est-il raisonnable de compter sur une semblable transformation de l'esprit public? Hélas! non. Que faire alors? Prier, craindre, espérer. Le ciel décidera.

CHAPITRE III.

DE LA RELIGION DANS L'ÉTAT.

La réforme religieuse et la philosophie ont perdu la société. Filles et mères à la fois de l'ambition, du libertinage, de l'indiscipline, de l'erreur et du mensonge, elles ont été l'une et l'autre les dissolvants les plus actifs du vieil ordre de choses, auquel elles n'ont pu substituer que le désordre et l'anarchie. Elles furent néanmoins dans leur temps un fléau nécessaire. La réforme vengea Dieu de la corruption du clergé, la philosophie le vengea de la corruption des grands et des rois. Mais les fléaux, quoique ministres des volontés du ciel, détruisent en châtiant et n'édifient rien ; ou, s'ils édifient, leurs constructions, assises sur la révolution et dans le sang, s'écroulent au premier vent qui vient fondre sur elles. Attila flagella les peuples au nom de Dieu, et passa : son passage et son règne furent une leçon. Il en doit être de même de la réforme et de la philosophie ; elles passeront comme passe le mal, mais alors seulement que le mal qu'elles auront fait sera assez grand pour faire comprendre aux peuples qu'il ne peut y avoir de société ni d'institutions stables ici-bas en dehors de la vérité, de la vertu et de la religion.

On a cherché à faire dans ces derniers temps une société et un gouvernement sans religion. On s'est imaginé que la raison suffisait seule à trouver la vérité, et que le cœur n'avait besoin que de lui-même pour arriver à la probité et à la vertu. Les prétendus génies modernes oubliaient malheureusement que la raison sans la foi est la plus mobile et la plus dangereuse des facultés humaines, comme le cœur sans la grâce en est la plus méchante. La raison isolée n'a jamais enfanté que le mensonge et la contradiction, et le cœur livré à sa faiblesse a toujours abouti au crime et à la débauche. Tout ce qu'il y a de bon et de sensé dans les philosophes, tant anciens que modernes, est emprunté à la révélation primitive, à la loi mosaïque et au christianisme ; en dehors de là, toutes les conceptions de ces grands esprits ne sont que rêves et délire. Effacez de leurs livres ce qu'ils ont puisé à ces sources saintes, il n'y restera plus qu'une fumée insipide, qu'une lie infecte, que des songes creux peuplés de fantômes qui ricanent dans l'ombre en aiguisant contre Dieu et la société leurs poignards avides et menaçants. Quand on supposerait même que les enseignements de la philosophie sont empreints du cachet de la vérité, le cœur humain ne les acceptera pas et ne pourra pas les accepter, parce que la passion sera toujours plus forte que la raison, parce que toutes les théories les plus brillantes du génie humain seront à jamais une digue impuissante contre les débordements de notre nature corrompue. Essayer de construire une société et d'édifier un gouvernement avec les maximes de Voltaire, les utopies de Rousseau et les sentences de Montesquieu, c'est vouloir bâtir sur le sable, c'est tenter l'absurde et l'impossible. La France s'y est laissé prendre : que lui est-il arrivé ? Le sens moral a péri dans toutes les âmes. A part quelques dehors mensongers auxquels les plus fins ont recours pour voiler leurs projets et capter la confiance, l'ambition et la cupidité ont envahi une moitié de la société ; l'abrutissement est devenu le lot de l'autre moitié ; et le libertinage s'est glissé partout. Les nobles dépossédés ne vivent plus que de rancune et de colère ; le bourgeois a fait son dieu de l'argent ; le paysan grossier et stupide ressemble au sauvage ou à la bête de somme, et le peuple des villes s'est métamorphosé en troupeau d'Epicure. On a fait sonner aux oreilles des mots magnifiques : on a calqué sur ces mots de prétendues lois libérales, égalitaires, humanitaires ; mais il n'y a jamais eu en fait parmi les hommes moins de désintéressement, moins d'amour, moins de fraternité. Ces vertus-là ne se commandent pas ni ne s'établissent à force de harangues parlementaires ou d'articles du code ; Dieu seul les inspire : sa religion seule les fait fleurir ici-bas. Les lois de 93, celles de l'Empire et de la Restauration, celles de Thiers et de Guizot ont perdu la France, et perdent, en se propageant, l'Europe entière, parce qu'elles sont une émanation de l'esprit antireligieux et antichrétien. Qu'est-ce que cette liberté dont on parle tant depuis soixante ans, sinon le droit d'insulter Dieu et ses ministres, de se moquer du pouvoir et de ses chefs, d'outrager la morale, de corrompre à la fois les esprits et les cœurs ? Qu'est-ce que cette égalité écrite partout sur la pierre, et sur la pierre seulement, en présence de lois qui fomentent dans toutes les classes l'orgueil, l'ambition et la cupidité ? Regardez ceux que les systèmes modernes ont élevés au pinacle et gorgés de richesses. Tandis que le noble de vieille souche, grâce à son respect pour les principes religieux, use encore de quelques égards envers les gens qui le servent, jamais esclaves furent-ils traités plus indignement que les domestiques de ces Crésus de fraîche date, de ces pédants enrichis ? Qu'on me permette une observation. Plus on est insubordonné et indépendant vis-à-vis de ses supérieurs, plus on est entier et tyrannique vis-à-vis de ses inférieurs. L'esprit d'indépendance a créé en France des milliers de tyrans qui sont le fléau du pauvre peuple ; et c'est là ce qu'on appelle l'égalité ! ! ! Je ne dirai rien de la fraternité : il faudrait avoir perdu l'esprit pour s'imaginer qu'on prend ce mot dans un sens autre que le sens dérisoire et ironique. Quand le point de départ est un principe d'égoïsme, une philosophie reposant tout entière sur le moi, la route est nécessairement un milieu de haines et de vengeances, et le but, l'oppression et l'esclavage. On aura beau contrefaire les admirables symboles du christianisme, et les écrire en grandes lettres sur tous les monuments, si on leur ôte leur caractère sacré et évangélique, on aura fait une profanation, et rien de plus.

Il résulte de ce qui précède qu'une société sans religion est impossible, et que le gouvernement qui n'est qu'une forme et une régularisation de la société est également une œuvre factice, une chimère dangereuse, s'il n'a la religion pour base. Vouloir

rendre un peuple bon, vertueux, heureux, en lui laissant toute
liberté d'être indifférent ou impie, c'est plus qu'une folie, c'est une
stupidité. Voilà pourtant ce qu'ont réclamé au nom de la tolérance
les philosophes du dix-huitième siècle, et voilà aussi ce qu'ont
malheureusement exécuté leurs disciples. Ils ont fait, certes, une
réforme sociale et politique on ne peut plus merveilleuse. Demandez-le au peuple, chez lequel ils ont étouffé toute conscience,
tout sentiment du devoir. Je ne crains pas de le dire : l'État doit
avoir une religion ; il doit agir en tout conformément aux préceptes de cette religion : il doit chercher à l'inculquer dans toutes
les âmes ; il doit la poser comme le fondement de sa politique,
comme le fondement de l'ordre, de l'éducation et de l'instruction
publique. En agir autrement, ce n'est pas être tolérant ; c'est
être indifférent ; je dis plus : c'est approuver, c'est reconnaître
le mal, c'est se contredire. La vraie tolérance ne consiste pas à
salarier vingt cultes divers, à autoriser l'anarchie et le désordre
des doctrines, et par suite à sanctionner l'anarchie et le désordre
des consciences ; elle consiste à ne pas employer la force contre
les sectaires, à les admettre à tous les emplois, à toutes les di-
gnités compatibles avec la religion nationale, à les souffrir, à les
instruire et à les aimer comme étant nos frères. La charité et
l'exemple doivent être ici les seules armes du prosélytisme.

Examinons cette question au point de vue philosophique. Il y
a chez l'individu autocratie du sentiment et de la conscience,
comme il y a autocratie de l'idée et de la volonté. Le sentiment
et la conscience individuelle doivent être libres par conséquent
aussi bien que l'idée et la volonté. De la liberté de l'idée résulte
la liberté de l'enseignement ; de la liberté de la volonté résulte
la liberté des actes humains, des professions, de l'industrie, de
toute la vie active en un mot : la liberté de religion résulte de
même de la liberté de conscience. Mais, comme les deux premières espèces de libertés n'empêchent pas que le gouvernement
ne reconnaisse un enseignement spécial dont il salarie les seuls
professeurs, et une organisation directrice particulière dont il
salarie les seuls fonctionnaires, la liberté de conscience et de religion ne doit pas empêcher non plus que l'État n'adopte comme
sienne une religion spéciale dont il salarie les seuls ministres.

En effet, il est du devoir d'un gouvernement d'éclairer, de conduire et de moraliser le peuple; et il ne saurait obtenir ce triple résultat, s'il ne reconnaît comme siens les corps, les pouvoirs et les administrations propres à le procurer. Il ne faut pas plus livrer au hasard les consciences que les intelligences et les volontés. Ainsi, liberté de conscience d'une part, religion de l'État d'une autre part, voilà ce qu'enseigne et ce que conseille une saine philosophie. L'existence simultanée de ces deux faits n'implique nullement contradiction. Un gouvernement athée est une monstruosité qui n'est pas même entrée dans l'esprit des païens, et qu'il était réservé aux grands doctrinaires du siècle dernier de révéler au monde. Nous voyons aujourd'hui quelles générations sont issues de ce système dépravé, et nous en recueillons les malheureux fruits. Des enfants abrutis, des jeunes gens libertins, des hommes faits incrédules et cupides, des vieillards qui tombent dans la fosse avec le sourire amer d'un désespoir stoïque, tel est le spectacle que la France donne à Dieu et au monde. Fasse le ciel que le mal ne soit pas si grand que la religion ne puisse renaître parmi nous que sur des ruines!

Quelle doit être la participation de l'Église au gouvernement politique et temporel des peuples? C'est là une question délicate que je n'ose traiter. Je me bornerai à quelques réflexions. Chaque membre du clergé, pris individuellement, jouissant dans l'État des mêmes droits civils et politiques que les laïques, peut justement prétendre à l'exercice de ces droits : cela est incontestable; néanmoins, le prêtre a des devoirs peu compatibles avec les fonctions séculières. Il doit renoncer à toutes celles qui en entraveraient l'accomplissement.

Comme corps, l'Église est exclue du gouvernement direct des peuples et du soin immédiat de leurs intérêts matériels; elle a pour mission de travailler à rendre moralement meilleurs tant les gouvernants que les gouvernés, afin de procurer aux hommes une plus grande somme de bonheur et de paix : tout autre occupation la distrairait de cette œuvre sublime, qui est sa vocation propre, et la transporterait du monde céleste, théâtre de sa vie, à un monde terrestre qui n'est ni sa patrie ni le royaume de son divin fondateur. Il reste cependant à l'Église, dans les pays catholiques, une espèce de gouvernement indirect, résultant de l'autorité que Dieu lui a donnée sur tous les fidèles, maîtres et sujets, et à laquelle les rois et les peuples sont également soumis. Ce gouvernement est une action de surveillance et de protection sur les peuples chrétiens; action qui peut et doit s'exercer toutes les fois que le troupeau est en danger, soit de la part du maître, soit de la part des sujets. La participation de l'Église à la conduite des choses de la terre doit varier, du reste, selon les lieux et la nature du gouvernement. Elle sera plus grande dans un pays entièrement catholique que dans un pays mixte, sous un gouvernement de droit divin que sous un gouvernement populaire ; mais, dans tous les cas, il faut laisser à Dieu sa place au milieu des hommes.

On ne contestait point autrefois à l'Église ces attributions, si utiles au bonheur des peuples ; on les consacra même par le principe du droit divin et du pouvoir temporel des papes. J'ai dit plus haut ma pensée à cet égard. Ce qu'il importe de ne pas oublier, c'est qu'aujourd'hui la Religion, l'Église et la Vertu, fille de l'une et de l'autre, sont seules capables de réhabiliter la société et de la sauver de la mort. Tenter par haine ou par crainte de restreindre leur action ou d'anéantir leur influence, c'est travailler à creuser le gouffre qui menace de nous engloutir.

CHAPITRE IV.

DE L'ÉDUCATION, DE L'INSTRUCTION, DE LA PRESSE.

L'enseignement fait les peuples, parce qu'il fait les hommes. Une nation sera impie, athée, indifférente, révolutionnaire, toutes les fois que sa jeunesse aura été imbue, dans les écoles, de principes ayant quelqu'un de ces caractères. Le système universitaire, je ne crains pas de le dire, a perdu la France en y tuant l'esprit d'obéissance, l'esprit d'ordre, l'esprit religieux et chrétien, pour mettre à la place l'esprit d'indépendance, l'esprit voltairien, l'esprit philosophique. Ce système a été la conception la plus fatale, la plus malheureuse et la plus tyrannique du génie moderne. Circonscrivant toutes les intelligences dans un cercle de fer, il leur a ravi la liberté du bien pour ne leur laisser que la liberté du mal ; mais, celle-ci, il la leur a donnée large, immense, indéfinie. Il fallait bien à la nature humaine et à ses passions ce dédommagement pour le sacrifice qu'on exigeait d'elle, de la plus noble et de la plus sainte de ses facultés.

Les philosophes du jour que leurs doctrines ont enrichis ou élevés crient contre le socialisme... Cependant qu'ont-ils fait en livrant à l'État le monopole de l'enseignement ? Ils ont fait du socialisme pur, et du mauvais socialisme ; je dis plus : ils ont fait du communisme. Qu'on organise sur le même pied la propriété et la famille, qui ne sont pas des éléments sociaux plus importants que l'éducation, on aura converti la France en un vaste phalanstère, tel qu'ont jamais pu le rêver les fouriéristes et les icariens les plus avancés. Si la liberté est un bien, c'est, sans contredit, sous le rapport de l'enseignement ; et vouloir la limiter, dans les cas où elle est un bien, pour l'étendre dans les cas où elle est un mal, est une folie inconcevable. L'esprit et le cœur de l'homme ne peuvent pas plus se passer de principes et de sentiments religieux que le corps de nourriture, et il est mille fois insensé de faire des esprits faux et des cœurs pervers, sous le prétexte spécieux de pratiquer la tolérance et de respecter la liberté des opinions. Il vaut mieux avoir une religion mauvaise que de n'en avoir aucune. Eh ! ne serait-il pas plus conforme à la tolérance et à la liberté de laisser s'établir autant d'écoles qu'il y a d'opinions et de cultes, et de donner ainsi aux parents la faculté de choisir pour leurs enfants celles dont les doctrines reproduiraient mieux leurs idées et leurs croyances ? Le régime universitaire est en effet aussi funeste aux protestants et aux juifs qu'aux catholiques eux-mêmes, car il importe aux uns comme aux autres qu'il y ait le plus d'honnêtes gens possible.

Le grand tort, la grande erreur des législateurs du siècle est d'avoir cru qu'on pouvait séparer l'instruction de l'éducation. Séparer l'instruction de l'éducation, c'est diviser l'âme en deux, c'est la tuer. L'esprit et le cœur sont frères : ils sont nés ensemble ; ils vivent et meurent ensemble ; ils se perdent ou se sauvent ensemble. Le cœur suit l'esprit ; la conduite se conforme aux maximes ; les préceptes font les mœurs ; les actions ne sont que les principes appliqués ; le sentiment enfin se modèle sur la pensée qui le crée. Quand les doctrines sont indifférentes, mauvaises, muables, qu'elles n'ont ni base ni but, les actes leur ressemblent infailliblement. Mais, si l'esprit agit sur le cœur, le cœur à son tour réagit sur l'esprit de la manière la plus funeste. La corruption anéantit le talent, ou du moins pervertit le peu de vie qu'elle lui laisse. C'est là un fait qui n'a pas besoin de preuves.

Qu'on ne dise pas que l'éducation est l'affaire des parents. Les parents la préparent, mais ils ne peuvent la suivre chez des enfants éloignés d'eux pendant plusieurs années. Le collége et la pension sont appelés à former les mœurs et le caractère aussi bien que l'intelligence ; et ce qui se passe montre assez qu'ils ont, en effet, sur la conduite et sur la moralité de la jeunesse l'influence la plus étendue. D'autres avant moi ont soulevé le voile qui cache les turpitudes des maisons d'éducation et des lycées. Je m'abstiendrai. Ce qu'il y a de certain, c'est qu'il en sera éternellement de même, tant que la Religion, une religion quelconque, si vous le voulez, ne dirigera pas l'enseignement. Il faut que l'esprit de Dieu, que l'esprit évangélique et chrétien, plane sur cette mer orageuse de la pensée et des passions humaines pour éclairer et vivifier l'une, pour régir et modérer les autres . autrement l'âme emportée par la tempête s'abîme dans les flots de l'erreur et du libertinage. Une génération athée et corrompue est nécessairement un peuple révolutionnaire.

La liberté absolue d'enseignement est donc la première condition du retour à la paix et à l'ordre. L'Université redoute le clergé ; elle a raison : car elle tombera infailliblement le jour où il sera facultatif aux parents qui entrevoient enfin la cause des désordres contemporains, de mettre leurs enfants entre les mains des prêtres, à moins qu'elle n'emprunte à l'Évangile son flambeau divin, et à l'Église sa verge disciplinaire. C'est un sacrifice, sans doute, que les temps demandent à l'amour-propre d'un corps puissant, jaloux de son autorité et de son indépendance ; mais le sacrifice est nécessaire : il y va du salut ou de la ruine de la France.

On dit que l'enseignement du clergé a produit des impies et des libertins, tout aussi bien que l'enseignement universitaire. Je ne le nie pas ; mais dans un cas, les mauvais sont des exceptions ; dans l'autre, ils sont la règle. Ceux, du reste, sur qui une éducation religieuse a été impuissante, accusent une nature tellement perverse que dégrade encore davantage l'abus des grâces, qu'ils sont peu à craindre, parce que l'excès de la méchanceté repousse et éloigne les sympathies, et écarte ainsi les dangers de la séduction. Au contraire, une masse imposante, perverse au fond, mais sachant déguiser sa perversité sous des dehors honnêtes et sous le masque de l'hypocrisie, est un péril immense, qui ne cesse de menacer, et qui tôt ou tard aboutit à une catastrophe.

Il ne suffit pas que l'enseignement soit libre ; il faut encore que l'organisation actuelle en soit modifiée. On a fait une trop large part aux études classiques, au latin, au grec, à la littérature et aux sciences, et l'on a à peine tenu compte des arts et de l'industrie. Il est vrai que depuis quelque temps on multiplie les écoles spéciales. Les frères de la doctrine chrétienne ont d'autre part rendu sous ce rapport d'immenses services ; mais il reste encore beaucoup à faire. Mon intention ici n'est point de blâmer ce qu'on appelle la diffusion des lumières : tant s'en faut : ce que je voudrais, c'est que ces lumières, tout en étant distribuées au plus grand nombre possible, le fussent selon les talents, la position et la vocation de chacun. Il serait à souhaiter que tous apprissent à lire et à écrire, étudiassent les principes de leur langue et connussent même un peu d'arithmétique, d'histoire et de géographie ; mais, ce qu'il y a d'également désirable, c'est qu'après ces études préliminaires chacun pût trouver sous sa main une école qui lui enseignât les règles de l'art ou de la profession à laquelle il est appelé. Que fait le système actuel ? Il laisse le grand nombre dans une ignorance complète, et pousse tout le reste à deux ou trois carrières qui se trouvent naturellement encombrées, et insuffisantes à recevoir la foule de ceux qui y aspirent. Il suit de là qu'une multitude de jeunes gens, après avoir achevé leurs études, n'ont ni position, ni avenir. Excités par l'amour-propre et par l'ambition, inhabiles à entreprendre une carrière nouvelle, aigris aussi par le malheur, ils finissent par se jeter dans cette cohue périlleuse de savants et demi-savants sans places, et se font, pour gagner du pain, les prédicateurs des mauvaises doctrines, des chefs de parti, des séducteurs de la foule ignorante, des ennemis de la société qui les repousse, en un mot, des écrivassiers incendiaires et corrupteurs, et les provocateurs des discordes et des révolutions. Ce parti est, en effet, leur dernier refuge : car ils ne peuvent espérer de place pour eux qu'en renversant leurs rivaux, et ils comprennent qu'il est difficile de parvenir à ce résultat sans bouleverser la société tout entière. On a multiplié les colléges sous prétexte de favoriser l'instruction des masses, et on a jeté dans le monde une torche toujours prête à l'embraser.

On n'a pas seulement eu le tort de trop multiplier les colléges et certaines écoles au préjudice des écoles spéciales, industrielles : on a encore fait de Paris le centre de l'enseignement, et on y attire de tous les coins de la France une jeunesse innombrable, tumultueuse, que l'imagination, la fougue des passions, l'amour de la nouveauté et le besoin de mouvement, égarent, agitent et poussent à la tête de toutes les émeutes. Il en a été de la science comme de l'industrie. La fureur de la centralisation a groupé dans la capitale des ateliers, des usines, des manufactures sans nombre, qu'il aurait été beaucoup plus sage de placer à quelques lieues de là, et de disperser sur le territoire; et ce fait irréfléchi a entassé dans Paris des armées de travailleurs qui accourent au premier signal se mettre à la remorque des étudiants soulevés et des agitateurs de tous genres.

La province n'offre pas, il est vrai, les mêmes moyens d'instruction que Paris; mais c'est là un vice de l'organisation primitive. N'existe-t-il pas en Allemagne, en Angleterre, en Italie, en Espagne, en Portugal, et ailleurs, des écoles célèbres placées hors des capitales? Les plus célèbres même ne sont-elles pas dans des villes de province? Qu'on crée à Paris, comme moyens de perfectionnement, des cours supérieurs dont la durée serait d'un an au plus; peut-être servirait-on ainsi les intérêts de la science sans compromettre aussi gravement l'ordre public ; mais ma conviction est que, moyennant quelques modifications dans les rouages administratifs, les études premières et fondamentales, tant scientifiques que littéraires et même artistiques, trouveraient aussi bien leur place dans toute autre ville.

Je ne m'étendrai pas sur la question de l'enseignement. J'ai dit, il y a quelques années, ma pensée à cet égard (1); elle est encore aujourd'hui la même. Il faut que l'enseignement soit libre; qu'il ait la religion pour base; qu'il soit organisé sur un autre plan; qu'il soit distribué d'une autre manière. Car le monde en est venu à un tel point de dissolution, qu'il a moins besoin de réformes politiques que de réformes sociales; et c'est ce besoin, dont le cri devient chaque jour plus impérieux, qui donne au socialisme tant de puissance, et le rend si menaçant et si périlleux. Croire que la constitution de la société est parfaite serait une grande erreur. Cyrus, Alexandre, les Romains, les barbares du Nord, Jésus-Christ surtout, ont été, dans les desseins de Dieu, des réformateurs et des restaurateurs de sociétés vieillies et corrompues. Toutes ces réformes, excepté la réforme chrétienne, ont été opérées dans le sang. Serions-nous destinés à voir s'opérer de même celle dont nous avons besoin? C'est probable : car le malheur seul rend les hommes sages; seul, il les fait rentrer en eux-mêmes. Tant qu'on a la paix et qu'on jouit du bien-être, on est sourd et insensible à toutes les sollicitations du ciel et de la raison. Il faut bien alors que Dieu exécute par le glaive ce que les hommes refusent de faire volontairement. On a ensuite des regrets; mais ils arrivent trop tard. Le sacrifice est consommé, et l'expiation s'est accomplie sur l'échafaud et sous la hache du bourreau, ou bien sous le plomb et la baïonnette de ces hordes armées que Dieu envoie à travers les orages, la fumée et la poussière des combats, pour être les ministres de ses vengeances. Lorsque l'Évangile est devenu une lettre morte, le malheur est une leçon nécessaire pour réveiller dans les âmes le sentiment chrétien.

On pourrait peut-être rattacher à la question présente celle du journalisme et de la presse en général. Il faut respecter la liberté

---

(1) Allusion à une brochure intitulée : *Syllogisme sur la liberté d'enseignement.*

de la presse, c'est mon avis; mais il faut empêcher que cette liberté ne dégénère en licence. Réprimer énergiquement toutes les attaques dirigées contre la religion de l'État et la morale, contre l'autorité établie et les personnes qui en sont les agents ou les ministres, c'est à la fois un besoin et un devoir. Le dévergondage de la presse a tué la religion et l'autorité. On ne relèvera la foi, l'obéissance et le respect, qu'en mettant un frein à la fureur de ces publications ignobles et impies qui inondent la France. Ce n'est pas arrêter le progrès qu'arrêter l'essor de la corruption et de l'indiscipline. On dit que la liberté de la presse, en favorisant les bonnes publications, fournit le remède au mal qu'elle produit; que les bons livres détruisent l'effet des mauvais. Raisonner de la sorte, c'est ne pas connaître le cœur humain. Les mauvais livres flattent les passions; on les recherche de préférence; on en boit le poison avec avidité; ils laissent dans l'âme des impressions contre lesquelles le repentir et le temps sont souvent impuissants; ils exercent surtout une influence contagieuse sur le peuple et sur les ignorants. Eh! que lit la foule? Des romans immondes, des pamphlets, des libelles, de viles brochures, de mauvais journaux. Fouillez donc les ateliers, les mansardes; je dis plus, pénétrez dans la chambre de l'étudiant, du bourgeois, de l'industriel : qu'y trouverez-vous? L'Évangile, saint Augustin, Bossuet? Non, malheureusement. Un livre de prières, un catéchisme peut-être, jetés dans les rebuts : voilà tout au plus ce qu'il reste d'une éducation religieuse, et ce dont on rougirait de s'occuper encore.

Je ne prétends pas néanmoins mettre des entraves injustes à la presse honnête; je ne veux pas davantage recourir à des mesures préventives ni rétablir la censure; j'abandonne même volontiers la presse périodique au jury, tel qu'il est institué aujourd'hui, pour tout ce qui a rapport aux questions politiques; mais je réclame une loi judicieuse, sévère, complète, sur la liberté de la presse ; mais je voudrais un tribunal éclairé, impartial, indépendant, chargé de juger les délits résultant d'attaques contre la religion, les mœurs et les personnes, parce que ce sont là des faits, des actes, que des jurés bourgeois, incapables et partiaux, ne pourront ou ne voudront jamais apprécier équitablement. Enfin, je serais indulgent pour tout ce qui est discussion, raisonnement, théorie, tâtonnements du génie, explorations, observations, lorsque l'auteur est de bonne foi, et qu'une raison froide et calme conduit sa plume. Il faut, pour arriver aux découvertes et au progrès, laisser à l'esprit humain cette part de liberté; et il serait dangereux, non moins qu'injuste, de comprimer inconsidérément et à tout propos les essors du génie, parce que le germe de la perfectibilité est dans la spontanéité et l'indépendance de ces essors. Nous avons montré d'ailleurs que l'idée individuelle est libre et souveraine : ce principe suffirait seul pour établir la liberté de discussion. Mais, lorsqu'un ouvrage s'adresse aux passions pour les fomenter, les exciter, les soulever; lorsqu'il tend directement à la dépravation des âmes et à la révolte, comme il en est de certains romans, de quelques brochures anti-catholiques, et de beaucoup d'articles de journaux, je crois qu'un gouvernement sage ne saurait jamais employer trop de rigueur vis-à-vis de ces superfétations monstrueuses de l'esprit qui gâtent le cœur sans aucun profit pour l'intelligence.

Le tort principal, immense, des derniers gouvernements, est d'avoir abandonné la religion et ses ministres aux outrages, aux railleries, au mépris. Un peuple sans culte et sans mœurs est fatalement un peuple sans conscience; et un pouvoir qui, pour le plaisir d'être athée, fait de gaieté de cœur le peuple tel qu'il n'est plus possible de le gouverner, tue sciemment la nation qu'il est appelé à protéger, et se suicide follement lui-même. Les écrits irréligieux et impurs du siècle de Louis XV ont précipité la monarchie absolue fondée par Louis XIV; les écrits irréligieux et impurs précipiteront en tout temps les gouvernements qui n'ont pas le courage et la sagesse de leur fermer sans pitié les portes de la publicité. Le passé et le présent nous disent ce que sera l'avenir.

CHAPITRE V.

DE LA RICHESSE, DU LUXE, DE L'IMPÔT ET DU CAPITAL.

J'aborde une question brûlante ; et ce n'est pas sans un sentiment de perplexité et de crainte que je m'y suis décidé ; mais Dieu, qui voit le fond des cœurs, sait qu'il n'y a dans le mien ni fiel ni rancune ; et, si je brave ce qu'on appelle les lois de la prudence humaine, c'est qu'il me semble toujours opportun, quoi qu'on dise, d'élever la voix en faveur de la vérité et de la justice, lorsque l'oubli de ces vertus est la cause évidente des maux qui affligent la société. La timidité et les ménagements vis-à-vis de certains hommes seraient ici de l'indifférence et de la lâcheté à l'égard des autres. Il est des devoirs pour tous. Que chacun en accepte et en accomplisse sa part ; alors seulement la miséricorde et la paix s'avanceront au-devant de la vérité et de la justice pour cimenter dans un baiser de réconciliation le pacte d'alliance entre l'humanité, la vertu et le bonheur, pacte vers lequel la société doit tendre par tous les moyens, si elle désire échapper à la mort.

C'est une main sur l'Évangile et l'autre sur ma conscience, que je me suis déterminé à courir les risques de cette discussion, la plus épineuse qui fut jamais. Chrétien, je raisonne en chrétien. Les institutions humaines et sociales se trouvent ici-bas en présence des dogmes et des maximes évangéliques ; il doit y avoir harmonie entre les unes et les autres. Y a-t-il désaccord, le tort est aux premières, et leur devoir est de fléchir. Je ne connais pas d'autre logique : mais qu'on ne s'effraye pas. S'il suffit d'un mot pour rassurer, je le répète : je suis chrétien, je ne suis pas socialiste.

Mon intention n'est donc pas d'attaquer la propriété. Elle est

à mes yeux une arche sainte sur laquelle il est téméraire autant
qu'insensé de porter la main. Je ne veux qu'examiner la richesse
telle qu'elle est comprise de nos jours. L'avarice est malheureusement devenue la reine du monde. L'homme ne vit plus, ne
pense plus, n'agit plus, que pour l'argent et par l'argent. L'argent est le but de tous les efforts, de tous les projets, de toutes
les ambitions : religion, conscience, bonne foi, on sacrifie tout
à ce dieu ignoble ; et l'Europe tend à devenir un vaste temple où
l'on n'adorera bientôt plus qu'une idole, pour le moins aussi méprisable que toutes celles devant lesquelles le paganisme courba
jamais les genoux. Le pauvre, le riche, l'ouvrier, l'industriel, le
savant, l'ignorant, tous ont les mêmes aspirations et forment les
mêmes vœux à cet égard. Grâce surtout aux tendances du dernier gouvernement, cette fièvre est arrivée à un degré d'intensité
qui annonce une dissolution complète, prochaine et inévitable.
C'est une peste générale, c'est une soif dévorante, c'est un délire frénétique, c'est je ne sais quoi, une force aveugle, un monstre armé et furieux qui renverse tous les obstacles, foule aux
pieds tous les sentiments honnêtes, et marche vers son but à travers les crimes et les ruines. Agiotage, jeux, spéculations, entre-
prises folles, spoliations, rien ne coûte. Qu'importe la conscience ?
Il s'agit d'être riche en un mois, en une semaine, en une heure ;
le reste n'est rien. Voyez donc la foule des industriels du jour.
L'un invente une affaire à propos d'une mine à exploiter, d'une
lande à défricher, d'un travail quelconque à exécuter. Il forme
aussitôt une association et s'adjuge, ainsi qu'à ses affiliés, quelques milliers d'actions qui ne représentent aucune valeur ; puis,
lorsque, après quelques articles de journaux destinés à donner
du relief à la nouvelle spéculation, la société marche et que les
actionnaires affluent, l'exploiteur et ses amis vendent leurs actions, à la Bourse, quelques centaines de mille francs, et laissent
là l'entreprise. La valeur de ces actions n'étant que fictive, le numéraire versé n'est plus suffisant, les fonds manquent et la société se dissout. En attendant, notre homme a fait sa fortune :
tant pis pour les sots qui se sont laissé duper. Un autre est administrateur d'un chemin de fer, d'une usine, d'une industrie.
Une crise politique survient : tous les petits actionnaires sont

ruinés, et l'administrateur fait un gain de 500,000 francs. Comment cela se peut-il? Je l'ignore. Demandez-le plutôt à l'administration. Celui-là, à l'aide d'un télégraphe dont il fait clandestinement mouvoir les ressorts, au moyen d'une fausse nouvelle, c'est-à-dire d'un mensonge jeté à propos dans le public, raflera, dans cette caverne de voleurs qu'on appelle la Bourse, l'or d'autres ambitieux, victimes de leur crédule cupidité. Un quatrième sera plus expéditif encore. D'un coup de dés il fera passer dans ses mains la fortune d'une famille réduite à l'indigence. Enfin, le plus grand nombre, spéculant sur la misère et le chômage, fera une enchère au rabais de la sueur de l'ouvrier, et s'engraissera largement du travail d'autrui. Aux yeux de Dieu et de la raison, tous ces hommes sont coupables : qui oserait le nier? Cependant, ils jouissent de la considération publique. Bien plus, avec leur or ils prétendent mener la France, et la mènent en effet. Pour eux la justice n'a pas de glaive : ils ont accaparé des millions ; ils ont le droit de marcher la tête haute, tandis que le mendiant qui a dérobé, pour ne pas mourir de faim, une pièce de cinq centimes, sera traduit sans pitié devant les tribunaux de police correctionnelle ou bien même devant une cour d'assises.

Le tort évident des institutions sociales du jour est d'ouvrir une voie trop large aux spéculations iniques et de rebuter le travail honnête et modeste. Les lois sont tolérantes et aveugles vis-à-vis des hommes qui savent s'enrichir grandement et en peu de temps, tandis qu'elles sont d'une sévérité excessive à l'égard des fautes provoquées par la faiblesse ou par la misère. Avec le régime constitutionnel dont on nous a dotés, il n'en pouvait pas être autrement : car les législateurs modernes étant la plupart des hommes nouveaux et des parvenus avides d'une prompte opulence, se sont bien gardés de mettre la loi en travers des moyens, quels qu'ils fussent, propres à les conduire à leur but, et ils ont dû, naturellement, nous donner une législation conforme à leurs intérêts.

Eh! qu'est-ce qui soulève aujourd'hui avec tant de fureur les passions populaires contre les riches? N'est-ce pas la vue de toutes ces turpitudes et de ces iniquités? Croit-on donc que le peuple ait des yeux pour ne point voir, et ne le pousse-t-on pas

à se persuader qu'il a des bras pour s'en servir? Riches du jour,
bourgeois, industriels, hommes d'affaires, vous qui, pour détrô-
ner l'ancienne aristocratie, flétrissiez ses priviléges et ses ri-
chesses comme ayant leur origine dans les violences de la conquête ou dans les faveurs que les rois accordaient à des courti-
sans, à des mignons, à des maîtresses, votre or vient-il d'une
source plus pure? Il fut, au moins, parmi les nobles d'autrefois,
de généreux chevaliers, de vaillants défenseurs de la patrie, des
génies et des héros : dites-moi, qui rencontre-t-on dans vos comp-
toirs, sous vos lambris dorés, à vos tables somptueuses? Des marchands et toujours des marchands ; des banquiers et rien que des
banquiers. Vous avez fait des victimes pour vous mettre à leurs
places ; et, maintenant que vous êtes élevés, vous traitez indignement, vous appelez émeutier le peuple qui souffre et qui se
plaint! Gagnez donc, comme lui, votre vie jour par jour, pièce
par pièce, à la force de vos bras et de votre intelligence, comme
Dieu nous y a tous condamnés. Alors il respectera vos trésors,
le fruit de vos labeurs; alors il ne vous maudira plus, parce qu'a-
lors il ne sera plus malheureux. Il est temps d'opposer une digue
au torrent dévastateur : posez-en vous-mêmes la première pierre
en constituant l'avenir sur d'autres bases, et en sacrifiant au présent une petite part de ce butin que vous avez ravi au passé.
C'est le seul moyen de donner à votre fortune l'inviolabilité qui
lui est nécessaire pour le repos public. Revenir en arrière pour
procéder à une inquisition est impossible; ce serait, d'ailleurs,
une profanation et un attentat. Il faut que ce qui est accompli le
soit sans réserve ; mais donnez un peu pour sauver le tout : une
réparation, ou, si vous aimez mieux, un sacrifice, est indispensable. J'ai dit un sacrifice : c'en sera un, en effet, pour les riches
honnêtes qui, grâce à Dieu, sont encore en grand nombre, que je
respecte sincèrement et à qui le langage que j'ai tenu jusqu'ici ne
s'adresse en aucune manière. Mais, les mauvais riches leur ont
fait une situation telle, qu'ils doivent céder comme les autres aux
exigences des temps, s'ils veulent échapper au désastre commun.
Quels sont donc la réparation et le sacrifice que je demande? Ils
consistent à se soumettre, sans arrière-pensée, à quelques charges
extraordinaires qui dégréveraient d'autant les classes inférieures

et moyennes, et qui, en augmentant les revenus de l'État, lui faciliteraient les moyens de donner au peuple du travail et des secours. Parmi ces charges, je range en première ligne l'impôt sur le luxe et l'impôt sur les créances hypothécaires ou sur le revenu.

Le luxe est une insulte publique à Dieu, à la vertu et au malheur. Fils de la cupidité et des richesses, père de la mollesse, de la sensualité, de l'oisiveté et du libertinage, créateur éternel de besoins factices et insatiables qui dénaturent les facultés de la raison et éloignent entièrement l'homme de sa fin et de ses destinées, papillon brillant et inutile qui ne cherche que les fleurs, dont il épuise le suc pour les empêcher de donner des fruits ; qui ne connaît d'autre soin que le plaisir, d'autre occupation que la frivolité ; corrupteur sans frein, également proscrit par le christianisme, par la philosophie et par toutes les législations célèbres de l'antiquité, il est l'ange de ténèbres, le messager de mort que le ciel, dans sa colère, envoie à la terre pour préparer et annoncer tout à la fois la consommation du crime et l'extermination des coupables. Il arrive un jour où la civilisation, à force de raffinements, fait de l'homme un être absurde et impossible, et ce jour précède de peu celui qui précipite dans le gouffre du néant la société usée et les royaumes décrépits. L'histoire est là pour nous dire comment et pourquoi ont fini tous les empires et toutes les républiques des temps anciens.

Serait-ce donc une expiation trop rigoureuse qu'un tribut payé par le luxe à cette société qu'il perd et qu'il outrage ? L'industrie, dira-t-on, souffrirait d'un impôt de ce genre... Mais l'*income-tax* n'a pas nui à l'industrie de l'Angleterre, de ce pays plus mercantile encore et plus aristocratique que la France. Et, quand même l'industrie du luxe y perdrait un peu, ne reste-t-il pas assez d'industries utiles pour occuper autant de bras que les véritables besoins de la société en réclament? C'est la multiplicité des arts frivoles qui, excitant la cupidité du pauvre, fait déserter les campagnes, agglomère les travailleurs dans les villes, pervertit l'ouvrier et recrute incessamment des soldats à la cause révolutionnaire. Qu'on ne craigne pas de réduire quelques familles à chercher d'autres moyens d'existence : l'agriculture n'a jamais trop de bras à son service. C'est elle, avant tout, qui donne du pain à l'homme, et, après qu'on aura négligé quelques industries pernicieuses, la France n'en perdra pas pour cela un pouce de terrain en surface, et ses champs ne produiront pas un épi de blé de moins. Alors, comme aujourd'hui, elle suffira à nourrir ses habitants. Le numéraire circulera moins, direz-vous ; les riches l'absorberont et le garderont dans leurs coffres... Ce résultat n'est pas à redouter : l'argent a plus d'une issue, et ce n'est pas d'ailleurs un modique tribut sur le luxe qui mettra un frein aux passions des hommes. Elles murmureront, menaceront peut-être ; puis elles finiront, impatientes de se satisfaire, par se résigner au sacrifice qu'on leur demandera.

Un impôt sur les créances hypothécaires n'est ni moins juste ni moins opportun. Ces créances sont en effet une richesse tout aussi certaine et aussi assurée que la propriété foncière. Elles produisent même un revenu ordinairement beaucoup plus considérable ; elles peuvent aussi être facilement constatées par l'inscription.

Mais cette question demande un examen plus approfondi. Qu'est-ce que l'intérêt ? L'intérêt, c'est l'usure légale ; c'est, comme on l'a dit avec quelque vérité, l'exploitation par le travail antérieur du travail postérieur ; c'est l'art de vivre et de s'enrichir sans rien faire. C'est un prétendu droit que s'arrogent les premiers venus sur les sueurs et la vie de la génération nouvelle, condamnée à les nourrir et à pourvoir à leurs caprices et à leur mollesse. C'est un hasard qui fait que, étant né après vous, je dois travailler pour vous d'abord, et pour moi ensuite. Je dirai plus : c'est une espèce d'injustice que l'Évangile et la raison réprouvent également, que l'Église a condamnée longtemps, et qu'elle ne tolère aujourd'hui que parce qu'elle ne pourrait faire autrement sans rompre en visière avec la société actuelle. Il est prudent quelquefois de souffrir un mal pour ne pas tomber dans un pire ; mais n'oublions pas que ce n'est qu'une tolérance, ainsi qu'il résulte des paroles de Benoît XIV, et plus encore de celles de Grégoire XVI, qui va jusqu'à exiger des prêteurs, s'ils veulent se prévaloir, pour le repos de leur conscience, de la permission ecclésiastique, l'intention formelle de se soumettre aux décisions du souverain pontife, dès qu'il lui plaira de faire revivre les prescriptions sévères de la primitive Église.

La légitimation de l'intérêt est née de la féodalité, et on peut dire qu'à cette époque on eut quelque raison de le légitimer, parce qu'alors il n'était pas proprement le prix de l'argent, mais un salaire indirect payé par le peuple aux rois, aux nobles et au clergé, qui étaient chargés de le défendre par les armes, par les lois et par la religion, et qui, pour ce service rendu aux travailleurs, n'avaient pas, comme aujourd'hui, des honoraires fixes payés sur le montant des impôts. C'était donc un juste dédommagement, le prix de travaux véritables, que l'intérêt au moyen âge; mais, depuis que tous les employés sont salariés par l'État, la coutume, en se propageant et en passant dans les lois, est devenue une anomalie sociale voisine de l'injustice. L'histoire vient à l'appui de ces considérations. Chez la plupart des peuples anciens, l'intérêt se confondait avec l'usure, et les termes qui exprimaient cette idée, simple pour eux et double pour nous, étaient synonymes.

Ajoutons que le capital est un agent souverainement désorganisateur, et un levier formidable de corruption. C'est à lui que convient surtout ce que j'ai dit des richesses au commencement de ce chapitre. Il a troublé tous les éléments constitutifs du véritable ordre social; il a mis la prospérité, la gloire, le bonheur, là où ils ne sont pas et ne sauraient jamais être. Il a altéré toutes les notions du bien et du mal, et a assis le monde sur des bases mouvantes qui s'écrouleront à la première secousse que le ciel imprimera à tout ce mécanisme faux et insensé. Grâce au capital, la fortune des États, comme celle des particuliers, n'est plus que fictive, passagère et illusoire. Le système du jour tend à déprécier indéfiniment le sol, la seule véritable richesse, en faveur de l'argent, de ce fantôme fascinateur qui sourit mieux à la cupidité impatiente, mais qui, sous les fleurs, cache des abîmes. Pourquoi donc n'imposerait-on pas, plutôt encore que la terre, le capital, celui surtout qu'on peut suivre et saisir, qui est attesté et garanti par des hypothèques? Pourquoi accorder l'immunité à ce qui, valant moins, rapporte plus, au détriment de ce qui, valant plus, ne rapporte malheureusement que moins? Au lieu de favoriser mille ignobles spéculations sur la vie, sur le travail et sur la fortune d'autrui, ne serait-il pas mieux de réhabiliter la terre en la dégrévant aux frais du capital?

Je n'ai nommé plus haut l'impôt sur le revenu que pour le substituer à l'impôt sur les créances hypothécaires dans le cas où il serait plus facile à établir. L'un ou l'autre, peu importe : ils conduiraient au même résultat. On objecte les tentatives qui ont été faites dans ce but, et qui, toutes, sont demeurées infructueuses à cause des difficultés sans nombre qui se présentaient. Mais a-t-on tout tenté? Je l'ignore. J'ignore également les moyens de lever l'obstacle, parce que je ne suis pas homme d'État; ce que je sais, c'est que ce qui est bon et juste est toujours possible, et que ce que l'Autriche a cru exécutable ne doit pas être une pure utopie.

Il m'est pénible de me trouver, sur certaines questions, d'accord avec une secte dont je repousse les doctrines de toutes les puissances de mon âme. Mais l'aveuglement est tel aujourd'hui, qu'on ne fait point attention qu'une hérésie ne se propage jamais sans cause. Si le socialisme devient redoutable, c'est qu'à la tête de toutes ses erreurs il y a une idée, une vérité saillante, forte, dominatrice, capable de subjuguer et d'entraîner les masses; c'est qu'au fond il exprime un besoin; c'est qu'il y a chez lui un peu de cette voix irrésistible qui sort par intervalles des entrailles de la société souffrante, et appelle des réformes ou une restauration. L'orage brisera le chêne, si le chêne lui oppose une folle résistance : sachons courber la tête à propos, si nous voulons la relever dès que le calme aura reparu. Sachons surtout céder à de justes réclamations; nous serons plus forts ensuite pour résister à d'iniques exigences, parce qu'alors nous aurons pour nous le droit et la raison.

Le double impôt que je conseille est, du reste, une de ces réparations qui s'opèrent dans les catastrophes, lorsque la sagesse des gouvernements refuse de prévenir la justice divine. Il fut un temps, et ce temps a été long, où les riches et les privilégiés jouissaient d'immunités sans nombre dont le poids retombait tout entier sur le pauvre peuple. Qu'il soit un temps où les riches, à leur tour, subissent quelques charges extraordinaires pour satisfaire à la loi suprême des compensations. Savez-vous pourquoi le

monde ne cesse d'être le théâtre de révolutions et de guerres?
C'est que, jusqu'ici, chez toutes les nations, les formes des sociétés et des gouvernements ont toujours été telles, qu'une partie
du peuple a été sous l'oppression de l'autre. Aussi la Providence,
pour rétablir l'équilibre, se voit-elle obligée d'alterner le pouvoir,
et de le faire passer successivement d'une fraction à l'autre, du
riche au bourgeois, du bourgeois au prolétaire, du prolétaire au
soldat; et il est facile de voir que ce balancement auquel les
iniquités des hommes forcent la justice de Dieu ne peut se faire
sans commotion et sans désordres. Au lieu de nous jeter sans fin
dans les extrêmes, cherchons plutôt ce centre autour duquel gra-
viteraient également tous les droits et tous les intérêts : là seulement nous trouverons l'harmonie, l'ordre et la paix. Le peuple
demande l'impôt progressif : accordons-le-lui, non pas tel qu'il le
voudrait, mais tel qu'il lui convient. Le besoin est aveugle; il
pousse aux excès : ramenons les opinions et les faits à leur juste
mesure, en cédant généreusement la part qui excite l'envie et le
mécontentement, et qui blesse les droits éternels de la vérité et
de la justice; et montrons ainsi au peuple que nous comprenons
ce qu'il y a de fondé et d'équitable dans ses réclamations.

L'impôt progressif proprement dit n'est ni raisonnable, ni possible, ni utile. Il n'est pas raisonnable : l'arbitraire seul peut
fournir le terme de la progression. Il n'est pas possible : il sou-
lèverait trop de résistances. Il est moins utile encore, parce qu'en
définitive le poids en retomberait sur le travailleur. Le propriétaire, en effet, ne manquerait pas de le mettre à la charge du
fermier ou du locataire, soit par une clause expresse insérée dans
le bail, soit en élevant proportionnellement le prix du loyer, de
telle sorte qu'on arriverait à un résultat tout opposé à celui qu'on
aurait eu en vue d'abord.

Le peuple, de son côté, a des devoirs graves à remplir : il doit
se montrer calme, patient et confiant. Un gouvernement qui est
réduit à se tenir jour et nuit sur la défensive ne peut ni agir ni
marcher. La peur est inerte. Bien plus, elle est essentiellement
réactionnaire.

Je termine ce chapitre en protestant de nouveau de mon respect pour la propriété. La propriété, depuis surtout que chacun

peut y prétendre et assurer par elle le fruit de ses travaux et de
ses peines, est devenue le plus fort des liens qui rattachent encore les uns aux autres les membres de la grande famille humaine. Elle constitue principalement la famille et la nationalité ;
elle crée, développe et étend le patriotisme ; elle excite et produit le travail ; elle inspire l'amour de la paix et de l'ordre, et
elle est pour la religion et pour la morale un auxiliaire et un ga-
rant. Aussi le morcellement de la propriété a-t-il été, quoi qu'en
pensent certains économistes, un des rares bienfaits de la première révolution ; et c'est une erreur de croire qu'il s'oppose aux
grandes améliorations agricoles. Outre qu'il a livré à la culture de
vastes portions de terrain jusque-là abandonnées, il a étendu le
bien-être en divisant la richesse ; et le petit propriétaire obligé
de se suffire obtient de son petit coin de terre, à force de soins et
d'industrie, autant qu'il en retirerait à l'aide de capitaux qui lui
manquent. L'agriculture est florissante en Angleterre, sans doute,
grâce aux capitaux que fournit le commerce plutôt qu'à ceux que
donne le revenu territorial ; mais comment se fait-il donc que des
millions d'Irlandais y meurent de faim ? Comment se fait-il que
des millions d'ouvriers s'y étiolent sous le souffle empoisonné de
la douleur et de la misère ? Eh ! que m'importe une prospérité
qui ne profite qu'au petit nombre ? Voyez donc aussi à votre tour
l'Italie, la Hongrie, l'Allemagne. Vous me direz que ces pays
sont arriérés. Eh ! qu'est-ce qui vous dit à vous que dans cinquante ans la France n'aura pas rétrogradé de deux siècles, si
vous y supprimez la division des propriétés ? Qu'est-ce qui vous
dit que dans cinquante ans un quart du territoire ne sera pas
converti en parcs innombrables, en landes immenses, en forêts
de ronces et de buissons pour y recevoir les bêtes fauves des
grands seigneurs, pour leur procurer les plaisirs de la chasse,
pour fournir au luxe de leurs tables ? Qu'est-ce qui vous dit enfin
que vous n'aurez pas ramené le système de la féodalité avec sa
division des hommes en maîtres et en esclaves ? J'ai vu dans un
pays qui touche à la France une preuve irréfragable de la fausseté
de l'opinion que je combats. Dans les environs de Chambéry, où
les propriétés sont toutes entre les mains d'un petit nombre
d'hommes opulents, l'habitant des campagnes, malgré la fertilité

du sol, est en proie à la misère la plus abjecte, et semble appartenir à une horde de sauvages plutôt qu'à une nation civilisée. Dans le Faucigny, au contraire, où les terres sont extrêmement morcelées, où il n'y a ni nobles ni grands propriétaires, tout le monde, malgré la stérilité du sol, y est à l'aise et heureux ; les esprits y sont vifs et cultivés, et les mœurs, d'une douceur et d'une politesse qu'on s'attendrait peu à rencontrer dans l'horreur et la solitude des montagnes. Ce n'est pas, certes, la différence de gouvernement qui produit cette différence de situation : les deux provinces ont le même maître et la même administration. Il est vrai que l'habitant des environs de Chambéry ne pense pas à faire des révolutions, grâce à son ignorance et à l'espèce d'abrutissement dans lequel il vit, tandis que le Faucigneran, plus éclairé et plus libéral, se montrerait aussi plus exigeant en présence d'un pouvoir arbitraire. Mais, si c'est là un bien pour le premier et un mal pour le second, revenons-en donc au moyen âge : je ne demande pas mieux. Il y avait au moyen âge de bonnes choses que nous avons malheureusement oubliées ou reniées. Alors on respectait l'autorité, on aimait la religion, on honorait la vertu, on obéissait à l'Église. Le bien y compensait abondamment le mal. Quelle compensation nous offrirait-on aujourd'hui? Je vais plus loin : les libéraux modernes cherchent à réprimer ce qu'ils appellent les empiétements du pouvoir, en mettant mille entraves à l'exercice de l'autorité, en lui assignant des limites infranchissables. Pourquoi n'assignez-vous pas également des limites à la richesse? la richesse n'est-elle pas aussi envahissante, aussi dangereuse, aussi puissante parfois que le pouvoir lui-même? si vous voulez empêcher la tyrannie, supprimez les moyens qui y conduisent. N'avez-vous jamais entendu dire que c'est l'or qui a fait la plupart des tyrans ? mais non. Vous voulez limiter le pouvoir suprême, parce que vous n'avez aucune chance d'y parvenir ; mais vous vous gardez bien de limiter la richesse, parce que vous espérez de devenir riches et de le devenir indéfiniment. L'égoïsme se montre toujours à la tête de toutes les créations et de toutes les théories du jour. La bienfaisance et la charité sont des prétextes, des armes, des moyens ; mais le but, elles ne le sont pas, elles ne le furent jamais. Qu'on sollicite un impôt destiné à soulager le

peuple, on crie au voleur ; on dit : Voilà un socialiste, un pertur-
bateur du repos public. Qu'on propose, au contraire, de rendre au
pouvoir quelques-unes de ses prérogatives et de ses attributions
dont la perte est la cause évidente des malheurs du peuple, on crie
à la tyrannie : on dira : Voilà un rétrograde. Au milieu de tous ces
cris, le peuple ne cesse d'être le jouet et la victime de ses prétendus coryphées. Cependant le vent souffle, le flot monte, et la
tempête engloutit le navire.

CHAPITRE VI.

DU TRAVAIL. — ERREURS DES SOCIALISTES.

Le travail est pour l'homme une loi et un besoin. Il est la
source de la richesse honnête en même temps que le principe le
plus puissant de la force, de la santé et de la moralité. Le pares-
seux, dans quelque position sociale que vous le considériez, est un
être contre nature, et sa vie est un vol fait à l'ensemble des forces
productives qui alimentent l'humanité. *Qui non laborat, nec
manducet :* c'est là une vérité divine, irréfragable, universelle.
Le travail doit donc être libre : car il faut que chacun puisse obéir
sans entraves à la sentence qui le condamne à gagner son pain à
la sueur de son front. Il n'est pas de liberté plus sainte, plus inviolable que celle-là. Il ne suffit même pas que le travail en général soit libre ; ses diverses espèces et leurs modes d'exercice
doivent l'être également. Tout ici veut être respecté : choix,
goûts, inclinations, vocations, facultés, il importe que chacun de
ces principes puisse agir, se développer, se diriger sans obstacle.
Les tendances de nos facultés sont une révélation de notre destinée sur la terre : cette révélation vient de Dieu : ce serait un
sacrilége d'en contrarier les inspirations. La diversité des talents

et des aptitudes est d'autre part un fait providentiel dont le but a été de constituer la solidarité des actes humains, l'harmonie de la vie sociale et la fraternité; de procurer la concorde et le bonheur universels, par la communication de toutes les forces, par la satisfaction de tous les besoins. Gardons-nous de toucher aux lois de la création.

Le socialisme a donc tort : il attaque évidemment la liberté du travail, en cherchant à l'organiser sur un plan invariable et uniforme, et en voulant en livrer l'exploitation exclusive à l'État. Le gouvernement aurait beau varier les genres de travaux et étudier les talents, afin de mettre chacun à sa place, outre que ce serait là une difficulté immense, et qu'il en résulterait des erreurs sans fin, il y aurait dans le principe même de la loi une idée tyrannique qui mettrait à l'étroit toutes les facultés de l'homme, et détruirait le progrès et la civilisation au lieu de les favoriser. Il en est du travail de l'artisan comme de celui de l'homme de lettres. Enfermez tous les savants dans un cabinet pour en obtenir des ouvrages de commande ; vous n'aurez fait que réduire le génie à l'impuissance en lui rognant les ailes : il vous donnera beaucoup peut-être ; mais ce que vous en tirerez ne sera autre chose que des productions médiocres, fruits de la nécessité et de l'esclavage.

L'association des travailleurs, si elle n'est absolument libre, indépendante, présenterait les mêmes dangers et les mêmes inconvénients ; elle serait une servitude horrible qui pèserait sur toute la vie et sur tous les actes de l'homme, car chacun, forcé de fournir sa tâche par respect pour les droits de la justice qu'il faudrait maintenir dans la répartition des bénéfices, se verrait condamné à obéir à l'heure qui l'appelle, au chef qui lui assigne sa besogne, au nombre d'heures de travail porté par le règlement de l'association et à mille autres exigences ; et nul, en présence d'événements imprévus qui demanderaient quelques instants de repos ou de liberté, ne pourrait, sans des embarras nombreux, délier sa chaîne et satisfaire à ses autres intérêts. Ce serait là de l'ilotisme. Qu'on s'associe volontairement, rien de plus naturel : on peut aliéner une part de sa liberté quand on le fait sans y être contraint, d'autant plus qu'il reste alors la faculté de rompre ses liens quand on les trouve trop lourds; mais des associations forcées, réglementées selon le bon plaisir de l'État, nous ramèneraient au moyen âge, et plus loin et plus bas encore. Je ne trouve rien dans le passé qui puisse me fournir ici un terme de comparaison... Je me trompe, il y aurait un moyen d'associer tous les hommes : ce serait d'en faire autant de chartreux ou de trappistes. L'entreprise serait belle ; mais elle est ridicule, parce qu'elle est impossible.

On doit conclure de ce qui précède que la théorie du droit au travail est une utopie impraticable. En effet, le travail une fois reconnu libre, il n'est plus possible d'en livrer le monopole à l'État. Celui-ci, dès lors, ne peut plus en fournir à tout le monde, et ce qui ne se peut ne saurait jamais constituer un droit. Ce serait un droit sans corrélatif. Le droit, d'une part, suppose le devoir et l'obligation d'une autre part ; mais quelle obligation y aurait-il raisonnablement pour l'État de donner ce qu'il n'a pas ?

Le droit au travail est d'ailleurs un principe anarchique : il met le pouvoir à la discrétion du public, et l'abandonne au jugement et aux caprices de la foule. Son application demanderait un mécanisme gigantesque, plein de difficultés, inconciliable avec tout ce que la science philosophique et politique a imaginé jusqu'à ce jour ; enfin, il livrerait la fortune et les talents des hommes à une confusion sans exemple ; il favoriserait les révoltes, encouragerait la paresse et l'ignorance, absorberait toute l'action du gouvernement, créerait des milliers de plaintes et de procès auxquels tous les tribunaux du monde centuplés ne pourraient suffire, et désorganiserait complétement la société. J'ose même croire, sans trop craindre de me tromper, qu'il aurait pour résultat le mal qu'on veut éviter aujourd'hui, en fournissant aux riches, et surtout aux agents du gouvernement, un moyen facile d'exploiter le travail des masses. Ce système n'aurait le sens commun que dans un monde où tous, maîtres et sujets, seraient également probes, laborieux, justes, désintéressés, modérés, impartiaux ; mais ce monde n'est pas le nôtre.

N'y a-t-il donc rien à faire en faveur de l'ouvrier et du pauvre, et tout va-t-il au mieux dans la meilleure des sociétés possible ? Quelques optimistes heureux répondront affirmativement à cette question : Les réformes pourraient troubler leur félicité ; mais tous les hommes de bonne foi, mais le grand nombre, conviendra avec moi que les institutions sociales sont loin d'être parfaites. Soutenir le contraire, c'est nier le progrès et la perfectibilité humaine. C'est pourquoi, s'il est vrai que l'État ne doit pas tout accaparer ni tout faire par lui-même, il est incontestable aussi que son devoir est de surveiller, de protéger, de diriger le travail, et de tendre, par toutes les voies que la raison, l'expérience et la nature ont mises à sa disposition, sinon à l'extinction du moins à la diminution du paupérisme. Il faut avant tout laisser pour cela au catholicisme une large part, une grande liberté d'action. La philanthropie qui a cherché à remplacer la charité n'est qu'une spéculation indirecte sur la misère publique. La bienfaisance est un don de Dieu : la philosophie est impuissante à la créer dans les cœurs. Laissons la religion accomplir son œuvre avec les ressources inépuisables de la piété, et avec le dévouement qu'elle seule connaît et inspire. Ce que l'État, ce que les associations philanthropiques ont de mieux à faire, c'est de l'aider, c'est de la soutenir, c'est de se montrer ses protecteurs et ses ministres, et non pas ses maîtres ni ses rivaux. L'aumône du chrétien console et gagne le cœur du pauvre : l'aumône du philanthrope l'aigrit, le blesse ou l'humilie. C'est donc avec le concours du clergé et sous ses inspirations que l'État doit multiplier, organiser, régir les hospices et les établissements publics de charité, que les particuliers et toutes les associations privées de bienfaisance doivent agir et donner. Le cachet religieux sanctifie les institutions, et la bénédiction du ciel n'est jamais de trop pour le malheur : elle multiplie et rend doux le pain de la misère.

Donner, occuper, surveiller, voilà trois choses que l'État doit faire en faveur du pauvre et de l'ouvrier, et qu'il n'accomplit aujourd'hui qu'imparfaitement. D'abord il doit *donner*, soit en affectant des sommes au soulagement des indigents, soit en créant des établissements publics de bienfaisance, soit enfin en abandonnant aux malheureux des propriétés inutiles, des terrains incultes, ou en leur fournissant d'autres moyens de subsister par leur travail. Les riches économistes du jour, les fiers politiques du siècle, insensibles à tous les intérêts qui ne sont pas ceux de leur fortune, ont eu soin de tourner en ridicule les théories et les projets divers dont le but a été d'attacher le pauvre au sol et à la patrie, en lui assignant une part dans l'héritage commun. Ils ignoraient que celui qui n'a rien n'a pas de patrie, ou du moins n'en a pas d'autre que le lieu qui lui fournit du travail et du pain. Ce que je dis là n'est pas un paradoxe ; on n'a, pour s'en convaincre, qu'à approfondir les causes de l'émigration irlandaise, de l'émigration allemande, et en général de toutes les émigrations dont parle l'histoire. Mais on trouve sans doute qu'il y a déjà trop de propriétaires en France et on craint de les multiplier. On oublie malheureusement ce que j'ai prouvé plus haut, que la propriété est un élément souverainement moralisateur, un principe de concorde et de paix, et que plus les fortunes sont divisées et nombreuses dans un pays, moins il y a de prétextes fournis, d'issues ouvertes aux mécontentements, aux désordres et aux séditions. La civilisation, en donnant au peuple la connaissance de ses droits, a rendu plus vif le sentiment de ses besoins : cette connaissance et ce sentiment produisent toutes les révolutions contemporaines : il faut les satisfaire, ou bien arrêter la civilisation dans sa marche de plus en plus menaçante ; il n'y a pas de milieu.

Le sol de la France est loin d'être entièrement cultivé. Communaux, landes, montagnes, forêts, terrains abandonnés par les fleuves et les rivières que les diguements ont fait rentrer dans leurs lits, ce sont là autant de richesses la plupart du temps stériles, que la sagesse et la libéralité des gouvernements devraient distribuer aux malheureux, afin de se les attacher et de mettre dans leurs âmes l'amour de la vie, du devoir, de la patrie et de la paix. Le pays, l'État et les particuliers, tout et tous, gagneraient à une semblable mesure. La distribution, je l'avoue, serait difficile ; elle demanderait de la prudence, du discernement, de l'équité ; mais on en viendrait à bout avec un peu de travail et de patience, avec du désintéressement et de la bonne foi. Afin d'en assurer le succès, je serais d'avis d'y joindre certaines conditions, temporaires toutefois, qui contraignissent le possesseur à donner des soins particuliers à sa nouvelle propriété dans la crainte de la perdre : on pourrait enfin exiger de celui-ci, pendant quelques années, une espèce de redevance dont le produit serait pour le Trésor une ressource utile. Il y a plus. La société recèle parfois dans son sein des êtres obscurs, mais intelligents, honnêtes et laborieux, à qui il ne manque qu'un premier moyen d'action, que quelques instruments pour exécuter un travail, pour trouver de l'occupation, pour tenter une industrie. Ne serait-il pas sage de destiner certains fonds, certains dépôts, à pourvoir aux besoins de ces hommes, lorsque leur probité et leur capacité seraient dûment attestées. On peut donner des instruments de travail comme on donne du pain et un asile. Le premier genre de don est même beaucoup plus noble et plus utile que le second. Quelques outils, certaines matières premières données à propos commencent souvent la fortune d'une famille ; et il suffit alors de donner une fois pour faire le bonheur de toute une vie, tandis que, quand il s'agit de pain et d'asile, il faut donner toujours.

En second lieu, l'Etat doit *occuper* l'ouvrier. Le dernier gouvernement a fait beaucoup sous ce rapport, et, en cela, il a bien mérité du pays. Travaux d'utilité publique, monuments, embellissements, routes, canaux, chemins de fer, l'Etat doit faire par lui-même le plus possible, et restreindre, autant qu'il est en lui, les spéculations immorales et sordides des compagnies particulières. Ce système mettrait à sa disposition la foule des travailleurs, qui est tranquille lorsqu'elle se sent protégée, qui est sourde aux séductions lorsqu'elle a du pain et de l'ouvrage, qui tient au pouvoir lorsqu'elle y est attachée par la reconnaissance et le bien-être. On dira que le budget ne saurait suffire à tant de dépenses, mais on ne fait pas attention que ces dépenses seraient une source de revenus dans la plupart des cas. Du reste, l'impôt doit être combiné de manière à y faire face. Le superflu des riches est la propriété des pauvres. Que ceux qui ont beaucoup donnent beaucoup à l'Etat, afin que l'Etat puisse le distribuer à ceux qui n'ont pas. C'est là une manière intelligente de faire l'aumône et de soulager le malheur. Elle a, sous le rapport politique et moral, des avantages dont tous les autres modes d'exercice de la charité ne peuvent approcher.

L'État, enfin, doit *surveiller* le travail. Des faits patents, irrécusables, ont démontré que les patrons, les industriels, abusent ordinairement du temps, des forces et des talents de l'ouvrier, et que le salaire n'est point en rapport avec la peine. Pourquoi ne ferait-on pas une loi, un règlement, dont l'exécution serait procurée, autant que possible, par un système sage et modéré d'inspection ? Qu'on ne craigne pas d'entraver par là la liberté de l'industrie : on ne fera que mettre un frein à la liberté de la fraude et du vol. Empêcher le crime et l'injustice, ce n'est point une tyrannie, c'est un devoir.

Je me borne à ces considérations générales sur le travail ; il appartient à l'État d'en tirer, s'il y a lieu, les conclusions pratiques qui en découlent.

CHAPITRE VII.

DE L'AVENIR.

Encore quelques jours, et, si l'on n'y prend garde, le souffle de la colère divine aura passé sur la terre, et en aura couvert la surface de désolation et de ruines. Partout les mots magiques, quoique ambigus, de nationalité, de république, de liberté, d'égalité et de fraternité, travaillent les masses, exaltent les esprits, soulèvent le sujet contre le roi, le serviteur contre le maître, le peuple asservi contre la nation qui le tient en vassalité. Déjà l'incendie est allumé de toutes parts : guerres civiles, guerres étrangères, assassinats, pillages, anarchie, confusion universelle, tout est là, sous la main de Dieu, prêt à servir sa vengeance et à ensevelir dans un nouveau déluge les crimes de la terre. Le socialisme s'est dressé tout à coup comme un géant sorti de l'abîme ; il a levé sa main vers le ciel ; et, nouveau Lucifer, empruntant à Dieu une idée et sa foudre, il lui a dit : Donne-moi le glaive du bourreau ; je serai ton ministre pour le mal ; et le socialisme, presque béni de Dieu, parce qu'il s'est offert à lui pour l'exécution de ses desseins, a grandi dès hier, grandit aujourd'hui, et grandira demain encore. Les obstacles irriteront sa résistance. Un jour, et ce jour n'est pas éloigné, il les brisera et brisera avec eux la vieille société toute dégoûtante de crimes, le vieux monde disparaissant dans le gouffre de ses iniquités.

La vie des peuples, comme celle des individus, a ses périodes, ses progrès, ses péripéties, sa décadence et sa consommation. La jeunesse d'une nation, c'est la conquête ; son âge mûr, c'est la gloire, ce sont les arts et les sciences florissant dans la paix ; sa vieillesse, c'est le luxe de la civilisation ; sa mort, c'est le matérialisme suivi de la corruption ; elle commence le jour où Dieu est chassé des intelligences, où la vertu s'exile des cœurs.

Si on examine la marche de l'esprit public en Europe depuis trois siècles, il est facile de voir qu'une catastrophe est imminente et inévitable. Sous le rapport intellectuel, la menace et le danger viennent du scepticisme universel qu'ont enfanté la philosophie du dix-huitième siècle et le rationalisme allemand, conséquence eux-mêmes de l'esprit qui a dicté la réforme religieuse. Sous le rapport politique, la liberté d'examen a détruit toutes les notions de pouvoir et d'autorité, et soumis aux caprices de la discussion tous les principes de l'ordre social. La liberté s'est convertie en licence ; tout frein légitime est devenu impossible ; et l'homme se trouve aujourd'hui abandonné au gouvernement du hasard. Enfin, sous le rapport moral, l'impiété, le matérialisme et l'indifférence, ont été le produit naturel de ces doctrines aussi funestes qu'insensées. Un tel désordre, répandu partout, devait aboutir au socialisme et au communisme. On ira fatalement jusque-là. On s'est jeté dans une fausse voie de progrès : on arrivera, par la force même des choses, de principes en principes, de conséquences en conséquences, jusqu'à la ruine complète des pouvoirs, jusqu'à l'égalité absolue, jusqu'au nivellement universel, jusqu'à la communauté des biens et à la loi agraire, jusqu'à l'anarchie sans limites et sans remèdes. Il n'y a pas d'autre manière de poursuivre la marche de la civilisation et de la perfectibilité humaine, en suite du sens qu'on a donné à ces deux mots. On aurait beau vouloir s'arrêter aujourd'hui ou rétrograder, la logique des masses s'y oppose. La foule raisonne, avance, combat et vainc. Vaincue entièrement, elle renaîtrait de ses cendres comme le phénix de la fable ; vaincue à moitié, elle se relèverait avec mille têtes, et toute la puissance des rois tomberait enfin devant cette hydre immortelle et toujours plus redoutable.

Le socialisme aura vraisemblablement son temps et son règne. Ce règne sera court, car les vengeances du ciel ne durent pas, et le cri de la miséricorde arrête bientôt le bras de la justice ; mais qui dira tous les désastres du fléau dévastateur ? Les doctrines communistes et socialistes, pratiquées pendant vingt ans, feraient des Français ou une horde de nomades africains, ou un troupeau de serfs comme il en existait au moyen âge, ou bien encore, sinon une communauté de prisonniers sous le verrou, pour le moins un régiment de soldats encasernés. C'est, en vérité, se donner beaucoup de mal pour ramener la féodalité ou l'état sauvage, ou établir la captivité permanente. Les hommes du jour ne travaillent pourtant pas à autre chose. Les démocrates y travaillent directement ; les conservateurs y travaillent malgré eux, tant par leurs dissensions et leurs haines de partis que par leur inintelligence à constituer la société sur des principes sages, honnêtes, justes, religieux et désintéressés. Poussé par le plus déplorable aveuglement, chacun jette ainsi la pâture au monstre qui doit dévorer la France, qui avec elle dévorera l'Europe. Il est peut-être un remède au mal ; mais je ne sais si le remède ne serait pas pire que le mal. Ce remède, c'est une guerre européenne, longue, acharnée, désastreuse ; une guerre qui renouvellerait les âmes, relèverait le sentiment de la puissance, de la grandeur et de la gloire ; retremperait l'autorité et la majesté du pouvoir dans le sang, étoufferait les partis, porterait toutes les forces vers un même but, le triomphe et le salut de la patrie ; moissonnerait l'excédant des populations, accoutumerait au joug, à l'obéissance, à la discipline ; réprimerait la licence des mœurs, de l'irréligion et de la presse par la force du sabre ; reconstituerait les nationalités qui se confondent ou périssent, ressusciterait le sentiment religieux en présence de la mort toujours menaçante, produirait enfin sur la scène des hommes capables de prendre en main les rênes du gouvernement, de sauver les débris de la patrie et de réédifier l'État sur des bases plus solides.

C'est probablement une semblable guerre qui finira le règne du socialisme, qui fera tomber de la tête du monstre sa couronne odieuse et usurpée pour la noyer dans les flots de sang qu'il aura fait couler. Si telle n'est pas la fin du socialisme, il reste dans le nord de l'Europe et de l'Asie des nuées de barbares qui se lèveront à la voix de Dieu, et viendront ajouter de nouvelles ruines aux ruines déjà amoncelées de toutes parts. Qui sait ce qu'alors deviendra l'Europe, ce que deviendront ses anciens habitants, ses mœurs et sa civilisation? Les Barbares attendront-ils même que la démocratie ait inauguré son règne de pillage et de dévastation, qu'elle ait levé sur les peuples son sceptre sanglant, qu'elle ait arboré son sinistre drapeau? N'entendez-vous pas le colosse russe s'ébranler déjà dans ses steppes immenses, rouler avec fracas sur son sol de neige et de glace, et menacer le vieux monde de son bras tout-puissant? Dieu le veut... Les intelligences sont égarées, les cœurs sont pervertis; toute chair a corrompu sa voie. Le socialisme, la guerre, l'invasion... Le ciel choisira. L'un de ces trois fléaux est imminent, nécessaire. La société caduque, courbée sous le poids de ses iniquités, les expiera dans le sang. Elle est la victime, l'autel est paré, et les trois bourreaux sont là qui attendent de la main de Dieu la hache du sacrifice, disposés à appeler à leur secours la peste, la famine, si la hache est trop lente au gré de leur fureur.

O France! terre privilégiée, terre de délices et d'amour que l'Éternel a choisie pour en faire la patrie de la gloire, du courage, de la science et des arts, reine heureuse dont il a tressé la couronne, qu'il a assise sur un trône brillant, qu'il a revêtue d'un manteau d'honneur et à qui il a donné le sceptre du génie et de la force! perle ruisselante de lumière et de splendeur, jetée par les flots de l'Océan sur les rives de l'Europe pour en être la plus riche parure, France! pourquoi as-tu failli à tes nobles destinées, à ta mission divine? Pourquoi, abusant de l'empire qui t'était confié, as-tu changé le flambeau de ton génie en une torche incendiaire pour la jeter à la face des nations? Pourquoi as-tu déchaîné sur les peuples ce dragon sorti de l'enfer qui s'appelle l'anarchie, pour les donner en proie à son insatiable voracité? Le jour de la colère approche. Serais-tu la victime expiatoire desti-

née à racheter les crimes de tous? Dieu oubliera-t-il que tu es la
fille aînée de son Église, que, naguère encore, tu as versé ton
sang pour le salut de ta mère? Oubliera-t-il tant de vertus, tant
de dévouements cachés dans ton sein et rappelant ta céleste origine? Sera-t-il sourd aux cris du repentir, aux accents de la pitié?... L'avenir est à celui qui a créé les siècles. O mon Dieu!
protégez la France!

Mais que sortira-t-il de cette immolation providentielle, de cet
immense holocauste? Que sera la France, après que la faux de
la mort aura passé sur son sol? Je ne sais. Peut-être un homme,
un libérateur auquel personne ne pense aujourd'hui, se lèvera
brillant et radieux sur les ruines de la patrie. Les Français se
souviendront alors des maux dont les hommes de parti ont été la
cause; ils repousseront avec un cri unanime d'indignation les
élus des sectes, les prétendants, les candidats dynastiques, et leurs
regards se tourneront vers l'élu de la Providence. Il sera salué
roi, dictateur ou président par une vaste acclamation, par le suffrage universel exercé dans la plénitude de ses droits, manifesté
spontanément dans toute sa vérité, dans toute sa force, dans
toute sa sincérité et dans toute son étendue. Celui-là, enfin, sera
l'élu de Dieu et l'élu du peuple; et on comprendra peut-être alors
qu'il est un pouvoir, qu'il est un gouvernement qui peut venir à
la fois du ciel et de la terre, un gouvernement fort et libre, un
gouvernement divin et populaire, un gouvernement tel que celui
que mes vœux appelaient naguère. On comprendra également que
la religion est, dans la politique, un élément de stabilité et de vie,
puissant, vrai, indispensable; et la religion ira de nouveau s'asseoir, glorieuse, à la droite des trônes, pour, de là, veiller sur
les rois et donner aux peuples le bonheur et la paix.

Gloire à toi au ciel et sur la terre! religion auguste de mon
Dieu, vierge sans tache, fille du Très-Haut! toi que mon sauveur
a enfantée dans les souffrances de la croix, toi qu'il a élevée, sur
la montagne sainte, aux regards des nations, qu'il a fécondée de
son sang, qu'il a comblée des trésors de son amour et de sa grâce,
qu'il a donnée aux hommes pour être leur salut et leur vie!
L'impie a dit : Écrasons l'infâme : effaçons de la terre le dernier
vestige de ses pas, et que son nom ne retentisse plus sous la voûte

de nos temples. Les faux sages ont entendu la voix de l'impie ; ils t'ont reniée, souillée, exilée ; ils ont élevé à ta place l'idole de la raison, et se sont prosternés devant ce dieu de l'orgueil et des passions. Ils ont entraîné après eux la multitude insensée, à laquelle il n'est resté pour dieu que le moi, pour moteur que la cupidité, pour but que le plaisir ! Oh ! puisse ton exil n'être pas éternel ! Puisses-tu, reprenant ta couronne d'honneur, tes vêtements de fête, revenir bientôt au milieu de nous, victorieuse et triomphante ! Nous t'appelons aujourd'hui de tous nos vœux : tu es notre dernière planche de salut, notre refuge et notre espérance. La philosophe se débat en vain dans son agonie : la raison se meurt impuissante. La foi, la foi seule, peut nous sauver encore. Foi sainte ! foi de nos pères ! le sang va couler de nouveau. Que ce sacrifice, que va te faire l'humanité, ne soit pas inutile ! Renais de nos cendres, et, s'il ne nous est pas permis d'assister à ta victoire et à ton exaltation, que nos fils, du moins, plus heureux que nous, te saluent avec enthousiasme, te révèrent avec amour et te restent fidèles ! Ce ne sera pas trop expier nos crimes que de payer au prix de notre sang la rançon de notre postérité. Le jour doit luire bientôt où il n'y aura plus qu'un Dieu dans le ciel, qu'un temple sur la terre, qu'un troupeau et qu'un pasteur parmi les hommes. Qu'il luise, et qu'il soit éternel !

Je termine. Si ce dernier vœu se réalisait jamais, si l'Europe redevenait catholique, bien des théories humanitaires, qu'on a raison de mépriser aujourd'hui, pourraient recevoir une application facile. Dans cette hypothèse, en effet, le tribunal des nations, des rois et des gouvernements, serait tout créé : on le trouverait à Rome. Là siégerait le congrès de la paix universelle : là résideraient les représentants de tous les peuples ; là se discuteraient les intérêts de l'univers chrétien ; là enfin se creuserait le tombeau du monstre qu'on appelle la guerre. Le pape serait le juge suprême ; et Rome, devenue le centre de l'unité européenne, le deviendrait aussi de l'unité italienne, de cette unité qui n'est possible qu'en abandonnant au souverain pontife l'Italie entière, sous la réserve, toutefois, d'une organisation civile et politique, exclusivement laïque. En dehors de là, tout est vains systèmes, rêveries, erreurs.

Laissons donc la religion étendre sur la société sa main forte et protectrice, défions-nous de la science, et, si nous aspirons au repos et à l'unité, suivons la politique de l'Evangile. Croyons, espérons, aimons, obéissons. Il suffirait de ces quatre mots pour sauver la France et l'Europe, s'ils pouvaient trouver encore un écho dans les cœurs.

FIN.

NOTE.

Voyez page 20, ligne 3.

Le prétendu contrat dont il est ici question serait ou synallagmatique ou unilatéral. Synallagmatique, il n'obligerait une partie que dans le cas où l'autre tiendrait ses engagements, et il laisserait, par conséquent, à la nation le droit de rompre les siens, toutes les fois que le roi aurait enfreint quelque clause du pacte. Unilatéral, il ne pourrait être qu'une cession, ou plutôt une donation absolue de droits sans aucun correspectif. Or, une nation ne peut pas aliéner ainsi, en faveur d'un homme, ses droits, sa liberté, son travail, sa fortune et sa vie. Le suicide moral n'est pas plus permis que le suicide physique. L'aliénation fût-elle même valable pour les membres de la nation qui se seraient obligés personnellement, elle ne pourrait l'être pour leurs descendants, comme je l'ai prouvé. D'ailleurs, syuallagmatique ou non, un contrat n'est légitime que lorsqu'il y a des témoins pour l'attester, et des juges pour l'interpréter et en procurer au besoin l'exécution. Où seraient ici les témoins et les juges? Sera-ce la nation ou le roi? Mais personne n'est témoin ni juge dans sa propre cause. Sera-ce Dieu? Mais Dieu n'agit que de deux manières sur les hommes, ou par son action providentielle, ou par son Église. La providence de Dieu a renversé bien des trônes : ce n'est donc pas elle qu'il faut invoquer. Quant à l'Église, si vous la recevez pour juge dans la question présente, vous évoquez les rois et les peuples à son tribunal, vous les soumettez à sa juridiction, et vous retombez ainsi dans le droit divin tel que je l'ai expliqué. Je ne demande pas mieux que d'être d'accord avec mes adversaires sur ce dernier point ; mais ils n'auront pas encore gain de cause pour cela, parce qu'en face de leur principe il restera la puissance ecclésiastique qui pourra discuter, juger, condamner, suspendre, briser enfin le sceptre héréditaire quand elle le jugera à propos, et comme elle l'a fait plus d'une fois.

TABLE DES CHAPITRES.

Paris. — Imprimerie Schneider, rue d'Erfurth, 1.

www.ingramcontent.com/pod-product-compliance
Lightning Source LLC
Chambersburg PA
CBHW051233030726
47595CB00003B/886